没有教不好的孩子，只有不会教的父母

给孩子正面管教的100招

陈琼 著

天津出版传媒集团

天津人民出版社

图书在版编目（CIP）数据

　　给孩子正面管教的100招 / 陈琼著. -- 天津：天津
人民出版社, 2020.1
　　（没有教不好的孩子，只有不会教的父母）
　　ISBN 978-7-201-15773-3

　　Ⅰ.①给… Ⅱ.①陈… Ⅲ.①儿童教育—家庭教育
Ⅳ.①G78

　　中国版本图书馆CIP数据核字(2020)第019349号

给孩子正面管教的100招

GEI HAIZI ZHENGMIAN GUANJIAO DE 100 ZHAO

出　　版	天津人民出版社
出 版 人	刘　庆
地　　址	天津市和平区西康路35号康岳大厦
邮政编码	300051
邮购电话	（022）23332469
网　　址	http://www.tjrmcbs.com
电子信箱	reader@tjrmcbs.com
责任编辑	杨　芊
装帧设计	末末美书
印　　刷	天津旭非印刷有限公司
经　　销	新华书店
开　　本	710毫米×1000毫米　1/16
印　　张	16.5
字　　数	220千字
版次印次	2020年1月第1版　2020年1月第1次印刷
定　　价	45.00 元

前　言

　　家庭教育是每一个孩子都需要接受的教育模式。对于很多家长而言，学校教育是非常重要的，事实上，家庭教育是启蒙教育，对孩子的性格以及行为的影响都是学校教育所无法替代的，所以家庭教育是不容忽视的。信息时代，人们可以通过网络获取各种信息。同样，孩子也可以通过各种渠道获得新知识。作为家长，必须要明白一点，根据社会环境的不同，对孩子的教育方式也需要做出调整，采用比较传统的，以控制为主的方式教育孩子已经不合时宜了。只有通过科学的方法教育孩子才是行之有效的。家长对孩子的行为方式、思维方式都要理性分析、明智对待，在教育孩子方面要充满智慧。家长与孩子之间要相互尊重、相互理解，基于此才能得到孩子的配合，家长的教育才可行。

　　正面管教是当前被普遍认可的教育方式，要求家长与孩子和谐相处，与孩子合作，帮助孩子解决各种难题。当孩子烦躁的时候不可以指责孩子，而是要给孩子思考的空间，要冷静解决问题。例如，孩子作业较多的时候会心烦意乱，听不进任何的劝告，此时，应等孩子平静下来之后，再共同讨论解决问题的方法。

　　中国有数千万个家庭，每个家庭教育孩子的方式各有不同，效果也大相径庭。很多时候，家长会强调孩子智商的重要性，认为孩子若是天生智商低，可以后天培养。可是他们忽视了情商教育，如果情商低，即便孩子获得了良好的成绩，日后也很难独立。

有多少父母将自己未完成的人生期望寄托在孩子身上，却没有采用正确的教育方式，不注重孩子健康人格的培养，更是忽视了健康心理教育，使孩子不具备在社会上生存的技能，即便是接受过"良好"的教育也是枉然。

正面管教应从积极的角度教育孩子，强调的是在孩子出现问题时，家长该如何正确地引导孩子。家长在教育孩子时需要灵活地转换角色，目的只有一个，让孩子走上正确的人生道路，能够独立、乐观地面对自己的生活。

目 录

第二章　有教养的孩子才有出息

第三章　教会孩子管钱

第四章　家长要与孩子多交心

第五章　提高孩子的情商

第六章　让孩子养成独立人格

第七章　指导孩子独立解决问题

第八章　鼓励孩子敢于担当责任

第九章　培养孩子良好的学习习惯

第十章　父母是孩子的人生导师

第一章　父母坚定的爱让孩子更有力量

第1招

"低分贝教育"有助于和孩子沟通

陋习点评 ▶▶

现在很多家长似乎都崇尚"摇滚教学法"，就是当孩子犯了错误的时候喜欢提高声音、改变声调让孩子意识到自己犯了错，然后用不断增加分贝的方法增强所谓的教育力度。

实际上，这是一种很主观地追求震撼教育效果的方法，也和很多家长的说话方式和习惯有关系，也就形成了我们经常能够看到的教育孩子的场景：高声地呵斥，连珠炮弹般地训导……以孩子大哭为高潮，以哭声减弱为结束。有些年轻的父母每逢此时，就觉得自己完成了一项教学任务。

不过，这种方法真的有效果吗？效果肯定有，却不是家长们想要的那种效果。大吼大叫式的教育，其本质上和骂街没什么两样，对孩子本身并无实质的触发作用，充其量让他们感到恐惧而已，而这种恐惧无外乎有两种结果：一个是极大地挫伤他们的自尊心，一旦再次犯了错误就会浑身发抖，生怕父母"引吭高歌式"地教育自己；另一个就是训练出面对多大噪音都能坦然处之的强大心理素质。无论哪一种，都对孩子的成长和发展没有任何好处。

教法随想 ▶▶

教育子女是一项任重道远的"灵魂工程",它将全面考察父母的综合素质,所以一个有志于将孩子塑造成人才的家长,不应该采用粗暴的方式去教育下一代,那样的结果只能塑造出粗糙的人性和粗陋的心灵。因此,作为家长,要在教育孩子时变成一个环保卫士,用低分贝去传达你的批评和指导性建议,以低污染的标准避免孩子产生心理阴影——让孩子在健康、活泼、积极向上的氛围中成长。

现在已经有越来越多的人提倡温和民主的家庭教育方式,哪怕是对待一个野性难驯的"臭小子",也不提倡用声音压制对方,或用气势去逼倒对方。其实说到底,所谓的低分贝、低污染,就是让暴怒的父母首先抑制住自己的情绪,将心中所有的焦虑迅速缓解,然后用心平气和的语言去和孩子沟通。

当然,有的家长会觉得"路见不平一声吼"在关键时刻对孩子是具有一定的震慑作用的,如果采用低分贝教育法恐怕力度太弱效果太差。我们当然不排除生活中会出现一些紧急情况,但那毕竟不占多数,而且作为父母要想一想为什么你会觉得"很紧急",是因为你在气头上,你认为这个时候不教育孩子就会养成一种坏习惯或者培养出一种不健全的人格。

事实上,我们身处的绝大多数场合并不需要立竿见影地让孩子心服口服,因为教育孩子本身就是一项慢功夫,没有一定的耐性自然就出不了巧活儿。所谓的一声怒吼,顶多能起到一时间让孩子受到警示的作用,那根本不能称之为教育,只能算作"临时性规劝"。

事例解读 ▶▶

一天,明明拿起了书架上的一个花瓶摆弄起来,刚刚进屋目睹这一场景的妈妈立即大声喊道:"把花瓶放下,别给弄碎了!"没想到正是这一声怒吼,吓了明明一跳,失手将花瓶打碎在地。面对这一地碎片,妈妈更是怒不可遏,劈头盖脸地对孩子展开了连珠炮式地呵斥。

本来，妈妈发出吼声的原因是为了让明明小心对待花瓶，结果却加速了这个花瓶的毁灭。然而真正被毁灭的并非是花瓶，还有遭受了妈妈"怒吼+呵斥=眼泪哗哗"的明明。

可以想象，被妈妈接连训斥的明明，当然会对这一次失手打坏花瓶记忆犹新，但是我们假设这样一种场景：某天，当妈妈让明明帮她擦拭一个花瓶的时候，或者让他移动一个花瓶的时候，明明很可能会因为上一次的事故而对这一类易碎品心有余悸，甚至会产生逆反心理，你不是不让我碰吗？那我就不碰！反正打碎了我还是要挨骂的！

事实上，如果妈妈在看到明明拿起花瓶之后，走过去从孩子手中轻轻接过来或者柔声告诉孩子轻拿轻放的话，孩子自然会懂得家长是在让自己注意爱惜家中的物品。而且，当妈妈用温和的方式向明明讲道理时，孩子也能够集中注意力去倾听，最终接受。

作为一个家长始终要明白一个道理，就是当我们对孩子发出怒吼的时候，孩子因为处于弱势只能做出服从或者反抗两种反应。如果孩子不情愿地服从了，家长很可能会继续采用这种方式，结果孩子将来极有可能变成一个唯唯诺诺的人。还有一种反应是，孩子表面虽然服从了，但是内心却形成了抗拒感，随着时间的积累，终将在某一时刻突然爆发，而一旦爆发，吼叫的教育方法将随之失效，而这时你再用心平气和的方式和孩子沟通的时候，你会发现他们已经接受不了了。

家长变身为环保卫士的意义，就是为了能够创造出一种和谐、融洽的低碳教育方法，在这个方法的作用下，父母和孩子的冲突将会最大限度地得到淡化，彼此之间的沟通也会更容易，你所要表达的意思就能真正地让孩子领悟。

第2招

让孩子生活在融洽的家庭氛围中

陋习点评 ▶▶

随着中国离婚率的逐年递增，现在和睦的家庭越来越少了，特别是年轻夫妻之间的争吵几乎成了家常便饭。一个有着下一代的家庭，父母之间的矛盾和冲突无疑将会给孩子营造一个消极的成长环境。

我们总是强调要制造和保持一个良好的家庭氛围，虽然这个概念听起来比较空泛，然而只要进入到一个家庭中，我们都会感受到它的存在。所谓的家庭氛围，可能是家人之间彼此的微笑、彼此的说话方式，作为一个外人都能够感受得到，更不要提一个长期身处其中的孩子了。有些父母，根本不懂得培养良好的家庭氛围，只要有矛盾就直接摆在桌面上，轻则口角相加，重则摔盆子砸碗甚至还有拳打脚踢，完全不在乎这个家里还有一个旁观者的存在。

如果把孩子看成是一棵幼苗的话，那么我们所说的家庭氛围就是幼苗赖以生存的土壤。肥沃的土壤能够让幼苗茁壮成长，而贫瘠的土壤只能让幼苗长成畸形。

教法随想 ▶▶

　　家庭气氛的制造者，不是孩子而是家长，所以凡是有责任感的父母，都要在家庭成员产生矛盾的时候变成一个和平主义者，不以任何冷暴力或者硬暴力的方法解决冲突，而是坐在谈判桌上压抑住胸中的怒火，以理服人、以德服人才是正确的解决方法。当一个和平主义者出现在家庭中时，家庭的紧张气氛就会烟消云散，孩子也不会产生压抑感和无助感，取而代之的是一种轻松感和安全感。

　　从某种意义上说，家庭氛围作为一种精神环境要超越于物质条件，它能最直接地作用在孩子成长的心路历程上。一个温暖而和谐的家，是任何孩子都舍不得离开的，会从小形成一种强烈的家庭感。反之，一个整日上演着武侠剧和恐怖片的家里，肯定会让孩子产生逃离的念头，看看那些走上犯罪道路的少年犯和那些社会小混混，他们十有八九都是不愿回家的，原因自然是家里缺少温暖，因此他们才会在其他人的身上寻找温暖。

　　家庭氛围给孩子造成的影响，不仅表现在他们的学习、生活和健康方面，还表现在他们的人格、情感和道德修养方面。因此，和睦的家庭是培养一个孩子能否在精神上和肉体上同步成长的"软件基础"，家长只有在变成和平主义者之后，才能有意识地去钝化矛盾，真正给予孩子一个良好的成长环境。

事例解读 ▶▶

　　庄庄的爸爸是一个标准的事业型男人，每天都是很晚才回家，睡觉早的庄庄几乎都看不到爸爸的影子，而妈妈更是很少有机会和丈夫交流。更糟糕的是，庄庄的爸爸十次回家有九次都是浑身酒气进屋的，让妈妈十分生气，因此两口子经常在夜半三更发生争吵，每次吵架几乎都能将睡梦中的庄庄吓醒。蜷缩在被窝里的庄庄，即使想上厕所也憋着，因为他感觉一钻出被窝就进入了那个充满火药味的"战场"。

　　然而，父母吵架给庄庄造成的影响绝不是即时性的而是延续性的：每次在家庭大战爆发之后，庄庄在第二天上学的时候都难以集中注意力，无论是听课还是写作业都像丢了魂儿似的。倒霉的是，庄庄在回家之后，还会遭到妈妈无端地斥责，因此他变得谨小慎微，连最合理的要求都不敢提出来。

夫妻有矛盾，最终受负面影响的只能是孩子。所以，当一对父母挽起袖子准备一决雌雄的时候，最好先想一想：自己除了因作为妻子/丈夫的利益受到损害而需要"抗争"之外，是不是还扮演着爸爸/妈妈的角色呢？要知道，夫妻的角色可能会发生变化，但是家长的角色却是不变的。

正是因为要顾及家庭氛围对孩子的种种负面影响，作为家长就要采用积极沟通的方式去化解矛盾，彼此宽容和谅解，不要动不动就诉诸各种形式的暴力，因为这么做的结果要么让孩子成为一个向暴力妥协的懦夫；要么让孩子成为一个崇尚暴力的武夫。日子久了，他们对家庭将会产生无限的排斥感，家长的威信也将荡然无存。

当然，除了主动化解家庭矛盾之外，家长还应当营造积极、健康的家庭社交氛围，不要没事就找些亲朋好友来家里大呼小叫地搞什么聚会，甚至打麻将打到深更半夜，影响孩子的正常学习和生活。社交生活可以有，但前提是要维护正常的家庭气氛。一个合格的父母，必然要先解决了内部矛盾，才能解决外部矛盾，而对于父母来说，孩子的教育和成长就是最重要的任务。

只有全心全意地为孩子创造和谐、融洽的家庭气氛，一颗幼小的心灵才能日渐饱满，才能形成健全的人格，最终长成参天大树。

第3招

用身教去克服言教的疲软

陋习点评 ▶▶

什么是家庭暴力？许多父母认为打孩子是家庭暴力。现在很多家长的经济压力是很大的，加之很多家长都信奉"不让孩子输在起跑线上"的教育观念，一些孩子就不得不遭受"软暴力"了。打孩子当然是暴力，还有一种被很多家长忽视的暴力，就是言语暴力。

有些父母认为，孩子不听话就应该责骂，否则孩子不知道自己做了什么不应该做的事情。用责骂的方式对孩子施加暴力，对孩子的伤害是非常严重的。孩子在这种不受尊重的家庭环境中成长，身心健康都会受到影响。

大多数家长是真心爱自己的孩子的，一些暴力语言是无意识说出来的。父母希望孩子有出息，"随便"地说他们的孩子"真够愚蠢的""在做问题时不知道动脑"，却没有想到这些话语会伤害到孩子，甚至在孩子的心中产生深深的烙印。

教法随想 ▶▶

心理学家发现，让别人按照自己的意愿做事情，用不同的语调说话会产生不同的效果。无论是大人，还是孩子，都是如此。

孩子淘气或者做错事情的时候就要批评孩子，声音低沉一些，孩子更容易接受。声音低沉一些，能使人更加理性，而且能够平静地思考问题，同时避免激发起孩子的抵抗情绪，让孩子的反叛心理防线放松，对双方的沟通非常有利。

家长在对孩子进行教育的时候，要控制住自己的情绪，在行为上给孩子起到示范的作用。对于孩子而言，父母的言行举止是非常重要的。孩子有自己的想法，有自己的内心世界，孩子的情感世界是非常丰富的。孩子长期与父母相处，父母的生活习惯和处事方法对孩子的性格会产生微妙的影响。因此，父母在对孩子进行教育的时候，要注意采用恰当的语言，行为上不可以过于偏激，灵活采用多种方式对孩子进行教育。在与孩子交流的时候要将心比心，与孩子真诚地交流，以达到教育的目的。

《三字经》里有"养不教，父之过，教不严，师之惰"的训诫。

孔子曾经说过，"其身正，不令而行；其身不正，虽令不从"。

父母是孩子的启蒙老师，父母的行为举止对孩子的教育是无形的，且对孩子的成长至关重要。

孩子受到知识和视野的局限，对事物的判断能力有限。成人的行为和言语往往成为孩子模仿的主要对象。如果父母的行为上存在问题，孩子的思想道德上就很有可能存在问题。

孩子喜欢效仿，父母要用自己的行为对孩子进行引导式地教育，而不是用批评甚至责骂的方式教训孩子。孩子的问题是家长自身问题的折射。家长发现孩子的问题，就要审视自身的错误。

事例解读 ▶▶

同事说："女儿比较内向，非常胆小，在课堂上不敢举手发言，也不愿意回答老师提出的问题。关于这方面，我一直对她进行教育，用尽了各种方法，可是仍旧没有获得良好的效果。"

我说："你的教育是单方面的，教育女儿的时候，为什么不自我教育？"

她听后稍稍愣了一下。

我说："自己做不到的事情让孩子去做，她当然不服了。"

同事明白了我的意思。晚上回家吃过饭后，同事将女儿喜欢的读本拿过来，对女儿说："我们每天朗读一段故事怎么样？我念一段，你念一段。"

同事挑选了一个故事，自己先大声朗读了一段，之后让女儿朗读。

女儿拒绝，说："妈妈读得好，我听妈妈读。"

同事说："妈妈读累了，就我们两个人，怕什么呢？"

在同事的鼓励下，女儿读了一小段，声音很小，但是读得很流利。

此后，同事每天晚上都与女儿朗读一个故事，女儿朗读的声音越来越大。一个月过去了，一天，同事很高兴地对朋友说："我女儿现在主动朗读了，而且声情并茂。"

古人云："言传不如身教。"总是指责孩子的错误，莫不如自己将事情做到位，孩子效仿正确的做法，逐渐养成习惯，孩子的良好品行就会逐渐形成。

第4招

让孩子自己从地上爬起来

陋习点评 ▶▶

　　相信很多家长都会注意到一个现象，孩子自己跌倒了，没有大人在身边的时候，就会自己爬起来继续玩，可是如果有大人在身边，就趴在地上一个劲儿地哭，等着大人把自己抱起来。如果有人劝说家长："让孩子自己站起来！"家长会一脸不高兴地反驳："孩子摔坏了怎么办？看他趴在地上哭，嗓子容易哭坏了。"

　　其实，任何事情都不是绝对的，当孩子跌倒的时候，如果不是很严重，就让孩子自己站起来。如果孩子跌倒在比较坚硬的地面上，家长可以把孩子扶起来，看看是否受伤。此时，也要对孩子进行鼓励，教会孩子如何避免跌倒。

　　一些家长在看到孩子跌倒后，大惊小怪，自己先"哎哟"一声，之后急着跑到孩子面前，将孩子扶起来。孩子跌倒，可能是疼，但不至于疼哭，却被家长的举动吓哭了。

　　孩子的探索欲非常强。家长对孩子的磕磕碰碰需要泰然处之，只要孩子摔得不重，就不会大声哭泣。当孩子自己爬起来，家长可以给予拥抱，静静地听孩子的倾诉。

教法随想 ▶▶

当孩子跌倒时，作为家长应该做些什么呢？我想有些父母会在孩子摔倒后赶紧跑上前扶起来，将身上的灰尘拍掉，安慰哭泣的孩子。一些父母看到孩子哭，就将孩子抱起来，或者背着走。看到摔倒的孩子，一些父母甚至会说："这个东西真坏，看我怎么收拾它。"父母用这种方式安抚孩子，为的是让孩子产生安全感，可孩子的依赖感也由此生成。

孩子走路时摔倒是正常的，他跌倒后还会站起来继续走。但由于父母的过度表现，原本的小问题却变得很严重。结果一些孩子在摔倒后不再自己站起来，而是等待大人将自己抱起来，获得安慰。当孩子跌倒的时候，父母要镇定，不要惊慌，正确的做法是鼓励孩子自己爬起来。

孩子总是要成长的，具备独立性的时候就不再需要别人的照顾了，所以当他们跌倒的时候，让他自己站起来，让孩子从小就意识到遭遇失败的时候，应自己面对，冷静地处理问题。跌倒了就爬起来，当他们跌倒时，沮丧只能让自己停滞不前，只有在倒下的地方重新站起来才能获得成功。

这样做可以培养孩子的自立，不让他们养成依赖别人的习惯，孩子的抗挫折能力也会增强。

事例解读 ▶▶

不久前，我到附近的公园散步。一位妈妈带着孩子在公园的草地上玩，突然孩子躺在草地上打着滚大哭起来。走近了才知道，原来是孩子想吃雪糕，妈妈不给买。

孩子在地上打滚，妈妈坐在不远处的椅子上看手机。我有些看不过去了，上前要扶起孩子，只听见妈妈大声说："不要扶她，让她自己起来。"

我马上意识到自己不应该插手，于是就走到孩子妈妈身边，坐在椅子上观望。

孩子的妈妈说："现在天气还有些凉，孩子肠胃不太好，吃凉东西容易胃疼。"

我点点头说："这都是为孩子健康着想，孩子却不懂得。"

又过了一会儿，孩子妈妈走到躺在地上还在蹬腿的孩子面前，说："是不是还要再哭一会儿，我可是饿了，要去吃好吃的了。"说完，转身就走。

孩子听到这些，很快从地上爬起来，追上妈妈走了。

孩子不高兴的时候就大哭大闹，家长对此非常头痛，如果满足孩子的要求，孩子以后就会变本加厉，这样不利于对孩子性格的培养。

第5招

适度的魔鬼训练有益成长

陋习点评 ▶▶

现在的孩子大都很聪明，但大部分最终都没能获得意料中的成功，原因就在于他们缺乏意志力，缺乏坚持到底的精神。让孩子吃点苦，其实不是为了让孩子吃苦而吃苦，而是一种心理承受力的锻炼，可以培养孩子坚强的意志、吃苦耐劳的精神，培养孩子的抗挫能力和耐挫能力等等。

俗话说"人生不如意十有八九"，谁也说不准人生会遇到什么，孩子们如果从小没能品尝什么是苦难，什么是挫折，长大后其心灵必然是脆弱的，难以抵御人生风雨。

所以，父母有意识地创造一些条件，对孩子开展吃苦教育非常重要，也很必要。

教法随想 ▶▶

孩子都是父母手心里的宝贝，但为了培养孩子的意志和毅力，父母要让他们体会生活的艰辛，比如孩子上下学不必开车接送，而是带他们去挤公交车；或者让孩子参加武术、跆拳道等体育锻炼；在暑期可以让孩子做些零工，到乡下、贫困山区等地方体验劳作，在这些艰辛与快乐中让孩子体会到生活的真谛，并且获得各方面的成长。

作为国际顶尖的女校，英国私立女校每年学费高达两三万英镑，但教育环境之艰苦让人大跌眼镜。据英国杂志刊载："木板床上只垫着一床薄薄的褥子，冬日的寒气会从老旧的窗户里不断渗透进来。早餐未必能提供好的餐食，仿佛还停留在简·奥斯丁的时代。"英国贵族们为什么花大钱把孩子送到如此艰苦的环境？就是希望孩子们在吃苦中磨炼意志，锻炼能力。

事例解读 ▶▶

有一次到一位朋友家做客的时候，我发现他上六年级的儿子有个非常有趣的举动：过会儿从自己房间跑出来，穿过客厅进到书房，一两分钟以后又从书房急匆匆返回房间。我对他的举动感到十分好奇，终于在他又一次穿越客厅跑到书房的时候，我跟在他后面也进了书房。只见朋友的儿子站在大大的书柜面前，抬头定定地盯着摆在书柜架子上的一排汽车模型，看了一会儿之后，深深吸了一口气，又回了自己房间。见我一副很感兴趣的样子，朋友这才向我解释了原因，原来这是他儿子自己新发明的"自我激励法"。

朋友的儿子成绩虽然还不错，但想要考上他理想中的初中，并不是那么有把握。于是，为了激励自己进行最后的拼搏，他儿子想出了一个办法：把自己最喜欢的一套汽车模型拿出来，交给爸爸妈妈保管，自己则立下军令状，如果不能按照自己定下的学习计划学习，爸爸妈妈就任意处理他的一个汽车模型。相应地，每当达成一个定下的目标，他就能收回一个模型。

朋友表示，他儿子一向贪玩，这一回真是对自己下了狠手，不过这也要得力于妻子的"鼎力相助"。据说上一次，因为一时动摇，他儿子悄悄违反了自己定下的"禁令"，在本该背英语单词的时间跑出去和朋友打游戏了，结果被提前下班回家的妻子撞个正着，妻子二话不说，直接打开书柜拿了一个汽车模型出来，不顾儿子的苦苦哀号，当着他的面直接丢进了垃圾筒里。为那事，儿子足足有三天没和他们说话，但军令状是他自己签下的，心情平复之后，也只能把苦水往自己肚里咽了。现在，他儿子只要学习的心思一动摇，就会跑到书房去盯着那排汽车模型看一会儿。有时候一天能跑几十次，但不得不说，他儿子的成绩确实有了相当明显的进步，只要能保持下去，估计考上理想的学校没有什么问题。

朋友儿子的"自我激励法"让我觉得相当有意思。当我们在做一件非常漫长的事情时，中途往往会产生许多次动摇，这都是非常正常的事情。很多时候，我们甚至会因一时的软弱或懒惰而对外界的诱惑妥协，但每次妥协过后，随之而来的，往往是深重的后悔和愧疚。

人的意志力通常是呈波浪形发展的，当意志力达到顶峰的时候，我们往往可以果断地拒绝一切诱惑，向着既定目标坚定不移地走去。但当意志力下滑到低谷的时候，即便理智不停地告诫我们，我们也可能因为一时的软弱而犯下错误。在这种时候，如果能出现一个助力来帮助我们稳定住自己的内心和意志，那么无疑对我们走向成功是有巨大帮助的。而朋友儿子的"自我激励法"，实际上正是为意志力买下的一重"保险"，在意志力薄弱的危险时期，这个"保险"能够为我们提供一个新的助力来作为意志力的一种补充。

第6招

驳倒那些无理的要求

陋习点评 ▶▶

当孩子的要求大人不能满足的时候，孩子往往会使出杀手锏，各种形式的无理取闹。一些家长心比较软，虽然嘴上对孩子严格要求，但在行为上往往选择迁就孩子，甚至是没有原则地退让。当孩子抓住这个规律之后，就会不停地使用这种方法让自己的欲望得到满足，逐渐就养成了无理取闹的习惯。

比如，孩子喜欢吃糖，吃了一块糖之后还要吃。糖吃多了对身体不好，会导致蛀牙，可是，看着孩子大声哭泣，可怜兮兮的样子，家长就又给了孩子一块糖。

家长在教育孩子的时候，要认识到坚持原则的重要性。如果孩子提出过分的要求，家长不答应，就要坚持下去，不能妥协。当孩子认识到用无理取闹的方法不管用的时候，就不会这么做了，而且以后遇到类似事情的时候也能够自律。

面对孩子的无理取闹，除了一些家长选择妥协之外，还有一些家长选择了压制的方法，如果语言恐吓无效，就会用武力压制。如果孩子对压制不服，逆反心理就会被激发起来。有的家长用哄的方法，短时间内可以奏效，但是多次使用，孩子识破了家长的办法，哄也就无济于事了，甚至孩子还会变本加厉。

教法随想 ▶▶

当孩子提出无理要求的时候，妥协和压制都不是聪明的做法。妥协就等于纵容孩子，压制则会令孩子的情绪反弹。

心理学家布鲁斯·格莱朗博士曾经说过，频繁对孩子说"不"是最不恰当的拒绝方式，孩子仿佛被父母推到了门外，他们会委屈甚至愤怒。

事例解读 ▶▶

面对孩子的过分要求，采用转移注意力的方法是非常有效的。有家长曾经问："我的孩子5岁了，总喜欢在家里搞破坏怎么办？"

我也有同样的经历，孩子很小的时候，儿子问："妈妈，我要把音箱拆了，我要看看电视里面有什么……"

孩子对很多事物都感到新鲜，这说明孩子正在探索，用这种方式认识世界。我们所谓的孩子搞破坏，就是孩子认识世界的方法之一。

虽然孩子是在探索世界，但是家长不能纵容孩子做过分的事情，也不能说"不"，采用转移注意力的方法，效果是非常好的。

儿子4岁的时候，我领着他到朋友家做客，他和朋友的小孩玩得很开心。到该走的时候，儿子还没有玩够，问："妈妈，你看这个玩具还没有组装好呢，能再待一会儿吗？"

我说："好的，你在这组装玩具，妈妈自己回去了。"

儿子一听，乖乖地站起来，很不舍地看了一眼地上的玩具，跟我回家了。

有人说，现在的孩子教育太有难度了，尤其是当他们要求很多的时候，如果不满足，就会大哭大闹，令人心烦。

面对孩子的无理要求，聪明的父母不会说"不"，更不会用谎言欺骗孩子，更不会用武力、责骂的方式解决，而是要了解孩子提出无理要求的原因，针对性地采取措施。家长要给予孩子足够的陪伴，帮他们建立良好的规则，当出现破坏行为的时候，用他们喜欢的游戏转移注意力是比较好的办法。

第7招
不在孩子面前议论他人

陋习点评 ▶▶

　　在背后议论别人是人际关系中最有害的行为之一，父母的一言一行都会对孩子产生巨大的影响，所以千万不要在孩子面前说别人的坏话！特别是家长说老师坏话的时候，孩子会对老师怀有不满，甚至蔑视老师，这对孩子的学习和成长都没有好处。孩子对老师产生不满，在上课的时候容易发泄情绪，上课不认真听讲、课后不认真完成作业就是发泄的表现。这对老师来说并不重要，但由于孩子对老师持有这种抵触情绪，就会导致其成绩下降。

　　一些家长在孩子面前尊重老师，孩子对老师讲授的学科就会持有崇拜的态度，尊重老师的孩子更容易接受老师的教导。孩子因为崇拜老师，因某一学科而成为成功者的例子比比皆是。因此，聪明的家长应该帮助老师在孩子的脑海中树立良好形象，即使家长对老师颇有微词，也不要在孩子面前流露出来，而是应该及时与老师建立沟通。

教法随想 ▶▶

　　一些家长在孩子面前与人说话很随和，私下里却会评论这个人，而且对这种行为不以为然，这实际上是一种非常愚蠢且危险的行为。不要以为孩子年龄还小什么都不知道，如果家长在孩子们面前表现得表里不一，会给他们的孩子造成很大的负面影响，接受父母给出的"私下里"的概念，相当于被动接受了人性的阴暗面，会让孩子们在成长过程中变得虚伪，孩子学会了面对面一团和气、背后说三道四，也许这会帮助孩子获得短期利益，但是长远来看只会让他的生活越走越曲折，让孩子表里不一。教给孩子正确与人相处的方法，让孩子知道不背后谈论别人是一种涵养，最好的教育就是家长在孩子面前树立好的榜样，要言行一致，不能说一套做一套，让孩子无忧无虑地成长，永远保持一颗童心。

事例解读 ▶▶

上星期，朋友的儿子在幼儿园让别的小朋友咬了，小胳膊上出现了两行牙印，还流血了。当时孩子疼得就坐在地上哭了起来，被咬之处很快就肿了起来。朋友接到老师的电话之后，很快到幼儿园将儿子送去医院检查，医生说，咬得再深一点，就要打破伤风了。孩子的班主任很内疚，咬孩子的小朋友家长一再道歉，给孩子买了很多的营养品。幼儿园老师忙着解释："对不起，他们玩得太疯了，我批评了那个小朋友。"对此，家长都能理解，孩子们玩耍哪有什么顾忌，便回答："没事，孩子总是有磕磕碰碰的。"回到家，爷爷奶奶看到了，自然有很多意见。吃饭的时候，他们一直批评幼儿园的管理和老师。幸运的是，孩子正在房间里休息，没有听到这些话。

作为父母，在孩子面前讲话要有分寸，要知道自己说的每一句话都有可能影响孩子。家长不仅不能当着孩子的面说别人的坏话，而且在其他时候要多注意这一点。背后说人坏话是一种逃避现实和恶意宣泄，影响周围的人际交往，弊大于利。孩子还小，没有社会经验，对大人的言语没有判断力，会以他们自己的方式看待事物。作为父母，我们应该教他们积极地看待周围的人和事。如果孩子被老师批评，要让孩子了解批评背后的关心和期望。孩子和他们的朋友产生矛盾的时候，家长可以与孩子一起分析产生矛盾的原因，告诉他们真正的友谊不会受到小摩擦的影响。

第8招

不打骂也不溺爱

陋习点评 ▶▶

有些家长在管教孩子的时候，生气了就动手打他们，甚至会拿各种工具打孩子，诸如扫帚、尺子等等。如果孩子承认错误、态度好，家长逐渐消气了，打人的举动就停止了；如果孩子"固执"，很可能会越来越生气，甚至失去控制，这就是许多家庭悲剧发生的原因。

许多家长习惯于帮助他们的孩子做好每件事，甚至计划他们的生活。孩子在这个成长的过程中，没有经历过任何事情，就像温室里的花朵，经不起风雨。坐享其成的孩子永远不会明白独立对一个人生活的重要性。

经常因为缺乏安全感而挨打、挨骂的孩子总是会感到不安、自卑、缺乏自信。被家长殴打和责骂的孩子们，他们大部分的性格是迟钝的。一旦孩子完全被触发，孩子积郁已久的怒火爆发，是很可怕的。

有的家长则恰恰相反，他们不会打骂孩子，而是对孩子百般宠爱，这样，对孩子的成长也没有好处。

法国教育家卢梭说过，"你知道运用什么方法，一定可以使你的孩子成为不幸的人吗？这个方法就是对他百依百顺"。

如果让孩子自然成长，他们会有更强的独立性。人的精神是自由的精神，孩子虽然涉世未深，需要依赖家长成长，但是崇尚自由是与生俱来的。孩子的精神是纯洁的，不会被野心和坏习惯扭曲。然而，溺爱孩子的家长抑制了他们的自然生长。家长做的一些事情让孩子觉得他们不能独立，甚至觉得家长这样做是愚蠢的。

教法随想 ▶▶

当孩子因为索取而哭泣的时候，不要责备他，也不要马上给他想要的东西。家长应对的最好办法就是忽略孩子，他哭他的，你做你自己的事情，当他发现哭对你没有影响的时候，他就会停止这种行为。此时，家长可以平静地问孩子："你需要什么？"

家长应该学会反思自己的行为，用正确的方式、方法拒绝孩子的过分要求。有时候，当孩子提出一些要求时，家长不想拒绝，也不明白为什么孩子不懂得家长的心情。其实很多时候不是孩子不懂，而是家长拒绝的方式不对。

当孩子提出不合理要求的时候，如果家长善于拒绝，这些问题就很容易解决。事实上，不溺爱孩子最好的方法就是让他们学会独立。有时候，家长会把孩子的事情全揽在自己身上，他们认为这对孩子的成长有好处，但结果往往相反。当孩子习惯依赖家长时，他们会养成依赖他人解决一切问题的坏习惯。例如，不洗袜子、不做作业、不打扫房间。如果家长可以适当地教孩子做一些家务，让孩子做些力所能及的事情，不仅可以增强孩子们的动手能力，还可以让孩子逐步学会独立处理生活中的各种问题。

事例解读 ▶▶

有一次，小姨去幼儿园接月月，在回家的路上遇见了月月的爷爷。爷爷很惊讶，月月竟然没有让小姨买零食。每次他带月月去公园，都要买一些零食，否则月月就哭闹。小姨笑着说："姥姥在家做饭，如果月月吃零食，她就不吃晚饭了。"月月坚持要买零食吃，小姨告诉她，姥姥等她回家吃晚饭，如果她还饿就给她买个小面包，在路上给她讲故事、做游戏，用这种方式分散月月的注意力，这样她就忘记买零食了。

小姨很注意与月月沟通，不会用命令的口吻要求月月听她的话。有一次，小姨和月月去公园玩，刚到，小姨就接到姥姥的电话，原来是姥姥的钥匙忘在家里了，让小姨回去开门，否则就不能做饭了。小姨要带着月月回家。"我们为什么一到这儿就回家？"很明显，月月对小姨的行为很不满意，也不想回家。

小姨说："如果我们不回家，姥姥就会站在门外，天那么冷，冻坏了怎么办，而且就没有人给咱们做饭吃了。"

"但是我刚到这，还没有玩呢？"月月有点儿固执。

"玩5分钟，我们就跑回家，好吗？不能让姥姥等太久。"小姨说。

月月说："跑回家，太累了。现在回家，下周来玩好吗？"月月问。

"当然可以啦！"小姨回答。

小姨并没有顺从月月，也没有要求月月一定要听自己的，而是给月月提条件，让月月选择。月月感觉自己不马上回去，路上会很辛苦，于是提出下周再到公园玩。

第9招

父母一起教育孩子

陋习点评 ▶▶

　　父母在教育孩子的时候，如果意见不一致，对孩子影响是非常大的，甚至会导致孩子形成双重性格。不同年龄的孩子在这样的环境中接受教育，会受到不同程度的影响。而且孩子的年龄越小，这种教育危害就越大。

　　比如，晚上11点孩子的作业还没有做完，妈妈的想法是，这么晚不睡觉会影响身体健康，于是就告诉孩子："去睡觉吧，明天早晨早起一会儿再写。"父亲则认为，完成作业是孩子的责任，没完成就不能睡觉，什么时候完成就什么时候睡觉。于是，夫妻对此产生了冲突。这样的冲突很容易对孩子造成伤害。孩子不知道该怎么做才是对的。

　　父母同时告诉孩子做某件事的不同方法，孩子自然不知道该听谁的好。随着年龄的增长，这种内在的冲突就会积累起来。无论父亲是对的还是母亲是对的，他们都更愿意站在对自己有利的一边，很有可能成为"两面派"。在我们的生活中有很多这样的孩子，他们在母亲面前和在父亲面前看有不一样的表现。在严厉的父亲面前很乖巧懂事，在慈爱的母亲面前则会恣意撒泼。

教法随想 ▶▶

有很多家庭夫妻关系不够协调，对孩子的影响非常大。即便如此，试着在孩子面前为你伴侣的行为辩解也可以起到正确引导的作用。如果孩子向他的母亲抱怨他的父亲太严厉，她可以说，"当然，你的父亲希望你长大后有一个好的未来"。同样，如果一个孩子向他的父亲炫耀他的母亲爱玩，他的父亲可以说，"母亲是在为你调节学习氛围，怕你学习太累"。这样，孩子就不太可能利用父母之间的冲突来达到自己的目的，父母双方在孩子面前都树立了权威。

针对孩子的教育问题，父母要协调一致。当父母的一方教育孩子的时候，另一方要给予适当的支持，表示赞同，这样做是尊重和认可。当然这种认可需要不断积累，积累到双方相互认同为止。这需要经历一个过程，可能需要很长时间，需要有耐力和毅力。

需要强调的是，当对方用理性的态度教育孩子时，需要得到认可，认可的态度不需要夸张，也无须含蓄，恰当地表达即可。比如："你妈妈这么做是对的。"

如果父母意见不一致，就不能给孩子良好的教育。父母不要试图互相教育，否则就会被孩子"钻空子"。孩子的行为通过父母的教育是可以改善的。父母在教育孩子方面要做到步调一致，积极探索新的教育方法，以获得良好的教育效果。

事例解读 ▶▶

天天从学校回来，一到家就开始写作业，直到吃晚饭作业还没有写完。吃饭的时候，妈妈看着电视对天天说："快点吃饭，吃完饭去写作业，否则睡觉晚了，明天早晨起不来。"

一旁的父亲说："着什么急，让孩子看完新闻再写。"

"作业这么多，看电视就做不完了，你想让他明天被老师骂吗？"

"孩子总是应该知道怎么做是对的。"爸爸说。

"孩子不能完成作业。老师让父母去谈话，你去吗？"天天的母亲问。

天天看着爸爸妈妈吵架，不情愿地拿起饭碗回到自己的房间吃饭。

天天的父母每天都有小矛盾，都是一些鸡毛蒜皮的小事情。父母对孩子的教育没有保持一致，孩子不知道怎么做是对的，不知道应该听谁的，孩子的心理健康因此受到影响，父母在孩子面前也不再有权威。

在对孩子进行教育的时候，父母要避免同时用不同的方法教导孩子。如果面对孩子的问题，父母双方的教育不一致，会把孩子弄糊涂。如果一方采用的方法不起作用，另一方可以用自己的方法。即便一方的教育方式不正确，也不要在孩子面前指责对方，不要暴露对方的缺点。教育孩子的时候，要关注孩子的情感需求，观察孩子的心理变化。如果父母争吵的时候孩子在场，要迅速停止争吵。要注意倾听孩子的声音，引导孩子客观地看待问题。

让孩子真正获得人生的修为

陋习点评 ▶▶

现实生活中会看到有的孩子到处乱扔垃圾、随地吐痰；有的孩子会抢别的小朋友的玩具；抢走别人心爱的漫画、娃娃；有的孩子在餐馆、电影院等公共场所哭闹。这些孩子都被称为熊孩子。

当孩子淘气的时候，一些家长并没有意识到事情的严重性，还为孩子辩解说，"孩子还小呢，不懂事也是可以理解的""孩子淘气是正常的""当他长大后，自然就明白什么是对的，什么是错的了"。这就是溺爱孩子的表现。很多家长之所以对孩子溺爱，其实是因为懒惰，不愿意在教育孩子方面多学习。现在很多家长平时沉迷于手机，不经常与孩子沟通。在家长看来，为孩子提供良好的生活条件和学习条件就可以了，至于教育上，交给老师就好了。家长的懒惰无形中让孩子养成了不良习惯。

教法随想 ▶▶

父亲对孩子最好的爱就是好好地爱孩子的母亲；母亲对孩子最好的爱就是欣赏和钦佩他们的父亲。这种教育是潜移默化的，我们经常看到一些父母因为琐碎的事情互相责骂、互相指责："你是觉得无聊吗？那就离开这里，这个家不欢迎你。""离婚没什么大不了的。"……有时候这是一场大战，甚至离婚，没有人发现孩子在角落里发抖，满眼恐惧的眼神。

父母发生争执和分歧有时候在所难免，但不要说粗话，更不要轻易地说"离婚"。你永远不知道自己这样做会对孩子造成什么样的伤害，也不知道你会给孩子的成长带来什么样的障碍。父母的行为影响孩子的性格，也决定了他们的命运。作为父母，既然给了孩子生命，就不应该让孩子的生命在自己的手中丢失。父母的爱是孩子最好的榜样，也是孩子健康成长的先决条件。家庭没有利益冲突，没有虚伪，只有一个温暖的港湾，一个个和谐的画面构成了爱的氛围。

任何时候，不羡慕别人的孩子，这是最理智的做法，要给孩子鼓励和支持，让孩子知道，遇到任何挫折都不怕，因为自己有家的支持。每个家庭都有许多不和谐的因素，作为父母要认真反思、积极改进。父母的修养对孩子的成就起到了决定性的作用。

事例解读 ▶▶

有一则新闻，在成都地铁2号线，一个小男孩和他的母亲一起乘地铁。一位阿姨带着孩子上车，小男孩自愿让座。然后，当他母亲休息时，他将手垫在母亲的头下面，帮母亲背包。看到这一情景，不禁令人十分感动。作为父母，大家都想拥有这样一个充满爱、懂得感恩的孩子。也许这个孩子的母亲没有多么高的文化素养，但是在教育孩子方面无疑是优秀的。孩子的行为将母亲对孩子的教育展示出来。父母以身作则，才能教育出如此知恩、感恩的孩子。在现实生活中，作为父母，我们不仅要在生活和物质条件上满足孩子的基本需求，而且要在精神上为孩子树立榜样。

孩子很小的时候，就要教会孩子宽容，在别人面前谦逊，在人多的场合多一点耐心，不拥挤、不抢夺，排队等候。玩的时候，要照顾其他的人，一个人没完没了地玩，不知道照顾别人是自私的。

与孩子沟通的时候要通情达理，要尊重孩子，针对身边的事情教育孩子什么是正确的，什么是错误的。正确的，鼓励孩子效仿；错误的，让孩子尽量避免。

第二章　有教养的孩子才有出息

第11招

培养孩子的孝心

陋习点评 ▶▶

现在的家庭里，无论有几个孩子，家里所有的成员都会围着孩子转，希望让孩子享受到最好的。被万般宠爱的孩子，不懂得人情冷暖，不会关心和体谅别人，当父母不能满足他们的需求的时候，就会对父母产生厌恶之心。

教法随想 ▶▶

孝是中华民族的传统美德。《弟子规》中，"亲所好，力为具，亲所恶，谨为去"。这句话的意思是：父母喜欢的都要尽力而为，父母不喜欢的要尽力避免。现在很多人认为，自己对父母好，就是给父母提供优越的生活环境。事实上，对父母的孝顺怎么能用这一点物质条件就能报答呢？父母将孩子养育成人，对孩子所付出的，是不可估量的，也是难以回报的。

很多家长将对孩子的爱体现在溺爱上，孩子在获得的同时不懂得付出。一个不懂得感恩和分享的孩子，怎么能孝顺父母呢？

父母对孩子关爱的同时，还要教会让孩子分享，将自己所获得的、所拥有的分享给周围的人。比如，全家人坐在一起吃饭的时候，第一筷子要夹给长辈，让长辈先吃。然后，孩子再吃，家长还可以与孩子"抢"东西吃，教会孩子孝顺老人，好的东西与大家分享。当父母给孩子夹菜的时候，要让孩子说"谢谢"，让孩子明白，从家长那里获得的不是理所应当的。

懂得感恩的孩子，有什么好吃的不会自己都吃掉，而是会留给家人一些，这样孝顺的"种子"才会逐渐在孩子的脑海中"扎根"。

事例解读 ▶▶

同事家里有两个孩子，一个是儿子，一个是女儿。同事夫妇很喜欢儿子，将所有的爱都给了儿子，不管儿子想要什么，只要能够满足的都会满足，因为他们认为，儿子是家庭的支柱，以后要承担赡养父母的责任，所以更重要。两个孩子渐渐长大，都大学毕业了。女儿学习成绩很优秀，希望可以继续读研究生，可是父母觉得女孩子大学毕业就可以了。儿子要到国外留学，父母则倾尽所有将儿子送出国。可是，出国的儿子再也没有回来，也很少给父母打电话。父母一直靠女儿照顾。

每当同事提起儿女教育方面的事情的时候，都深有感触，她说："儿子是在宠爱中长大的孩子，长大了就离开家了，也不想回来看看父母。"

被宠坏的孩子，长大了不懂得孝顺。那些在父母严厉管教下成长的孩子，处理事情会更理智一些，也更重视孝道。

父母在孩子的成长过程中发挥着重要的作用，无论孩子孝顺还是不孝顺，父母都需要承担一定的责任。不要让孩子有耍脾气的权利，而是教会他怎么照顾别人，他也就能主动地照顾好自己的长辈，让家里人都很开心。

第12招

让孩子有一颗感恩的心

陋习点评 ▶▶

　　一个不懂得感恩的人，即便再有成就，也不会被人尊重。古人云："滴水之恩，当涌泉相报！"感恩是一种生活态度，即便是小到看似微不足道的恩情，也要懂得报答。做人如此，才能问心无愧。

　　一个人的感恩之心要从小开始教育。父母与孩子相处的时候，更多的是以照顾孩子为主，而没有教会孩子感恩。在这样的教育环境中，孩子在接受父母照顾的时候，认为是理所当然的，因此，不懂得感恩，更不会回报父母。

　　不懂得感恩的孩子往往是不孝顺的孩子，他们对父母的养育不持有感恩的心，有令自己不满意的事情，就会冲着父母大喊大叫。没有感恩之心的孩子，长大后也不会照顾父母，他们自私、冷漠。不懂得感恩的孩子缺少朋友，会更加孤独，性格也会变得更加偏激。

　　孩子没有感恩之心，家长需要承担一定的责任。如果父母在孩子面前经常孝顺父母、尊重长辈，孩子耳濡目染，这种良好的品格就会被孩子继承。所以，孩子不懂得感恩，父母就要多反省自己，想想自己的行为以及语言是否对孩子造成了不良影响？是不是在孩子面前没有树立好榜样？

教法随想 ▶▶▶

很多父母认为，生养孩子，就要对孩子负责。这种负责更多地强调"养"的方面，却缺少了"育"这一层。"育"，可以理解为教育，教导，是主观上让孩子获取原本并不具备的素质或技能。在"育"的层面，感恩是一个重大课题。

感恩与礼貌有所不同，不是孩子对父母的付出说一声感谢就了事，而是要从内心中感受到父母的辛苦，用自己的行动表达对父母的爱，而不是局限于言语的表达。

家长培养孩子的感恩之心，就要教会孩子体谅父母的良苦用心。

父母可以让孩子力所能及地做一些可以用来表达爱的事情。比如，当妈妈做家务感到很累的时候，可以让孩子给自己捶背；当干活的时候出汗了，让孩子帮擦擦汗；孩子的玩具让他自己收拾；餐后让孩子收拾碗筷。这样可以培养孩子帮助别人做事情的习惯，自己的东西也要自己整理好。

懂得感恩的孩子知道，别人帮助自己做事情不是理所应当的，别人没有义务帮助自己做任何事情，即便自己的父母也是如此。

培养孩子的感恩之心，塑造和谐的家庭环境是非常重要的。夫妻之间要怀有感恩的心，在这样的环境中，孩子也会有感恩之心，整个家庭就会其乐融融。

教会孩子感恩，让孩子在享受爱的同时，还要珍惜所拥有的，理解父母的爱，才能用自己的行动感谢父母。

事例解读 ▶▶▶

老刘开了一家公司，近些年生意很好，就为正在读小学的儿子买了房子，上了各种保险，还购买了教育基金。可是，老刘经常说："儿子对自己的这种做法并不理解，认为有钱就可以雇人做很多事情。儿子花钱让同学帮忙值日，甚至作业都让同学写，在家里吃东西的时候，不知道谦让长辈，而是自己独自吃。"老刘对自己的儿子有些头疼。

老刘在小区里晨练，遇到儿子同学的妈妈董女士，谈起自己的困扰。董女士说："我家的水果都是女儿分的，要求先给长辈，剩下的自己吃。有一天分橘子，女儿说就剩下一个了，可怎么分呢？"

董女士就告诉女儿："一个橘子可以分几瓣。"

董女士说："女儿当时是很不情愿的，可是也这样做了。"

有些父母教育孩子的时候，注重培养孩子的学习能力，告诉孩子："好好学习就可以了，其他什么都不用管。"

孩子认为接受别人的服务是应当的，就会培养出自私性格的孩子，不考虑他人的感受。培养孩子感恩之心，让孩子知道别人的付出是需要感谢的，让感恩成为一种生活习惯。

第13招
适度培养孩子的谦卑心态

陋习点评 ▶▶

　　"吃一堑，长一智"，让孩子经历一些挫折，对孩子的成长是有很大帮助的。可是，当下的家庭教育却忽略了这一点，父母把孩子的方方面面照顾得无微不至，不舍得让孩子受一点委屈，有时孩子主动要去做一点事情，家长也会"兴师动众"帮孩子去做，生怕孩子弄脏了衣服，碰伤了自己，孩子没有任何机会去接触外面的事物，这种做法阻断了孩子向外求知的途径。当孩子遇到一些自己从未见过的场景和事物时，就会显出与平日里不一样的状态，不是束手无策，就是得意忘形。

　　如果一个孩子生活在顺境里，从来没有遇到过挫折，那么孩子就不具备处理问题的能力。同样，如果一个孩子所接受到的都是表扬的信息，孩子就很容易骄傲自满；如果一个孩子得到的都是负面的评价，孩子就会缺乏自信。

　　很多父母的教育方式，基本上都处于两种极端，一种是一味地批评指责，一种是不分是非的表扬夸奖。这两种教育方式对孩子不会起到任何积极、正向的作用的。

教法随想 ▶▶

1.语言适度

真诚地赞美你的孩子。注意使用不同的语音语调来赞美不同年龄和性格的孩子。对于低年级的学生和有些自卑的孩子，可以通过夸张的语言增强动机。而对高年级学生可以进行实事求是的肯定，使他们从这些亲切的情感反馈中，感受到成功的喜悦。对一个自满的孩子的表扬应该得到充分的承认，而不是夸大其词，这不仅尊重孩子，也有助于他抑制骄傲的发展。真诚沟通，能与孩子相处得更融洽。

2.语态适度

热情地表扬你的孩子。尤其是低龄孩子，在口头表扬的同时，可以配合使用竖大拇指、摸头、拍拍肩膀等肢体语言来加强效果。对于年长和害羞的孩子，可以用友好的眼神和适当的手势，这样，孩子也可以感受到父母的感情。表扬孩子的热情态度，能使孩子受到启发而不断进步。

3.夸与奖相结合

通过定期的表扬，使孩子感受精神上的鼓励，从积极的方面逐渐认识到对错的合理性，分清真、假、善、恶、丑，陶冶情操、改善性格，能起到很好的作用。如果你把表扬和奖励结合起来，你就能使教育更有效。奖励，以精神奖励为主，但适当的物质奖励也是必不可少的。虽然给予儿童的物质奖励数额微不足道，但它是一种需要，一种满足，甚至可以转化成一种积极的力量。

4."自夸"与"他夸"相结合

如今，大多数孩子都是独生子女，他们大多数都是成年人口中的"小王子"和"小公主"。他们只能让别人说自己的好，不听别人的好，也很少去发现别人的好。因此，人际关系很紧张，与同龄人相处不好，这不利于孩子的健康成长。如果我们把"自夸"和"他夸"结合起来，让孩子说说自己的长处，可以增强自信心；让孩子说说别人的长处，可以克服妒忌，并虚心向别人学习，养成良好的性格。经常用这种方式，可以协调孩子与他人的关系，增强他们的社会交往能力，更有利于孩子健康人格的发展。

事例解读 ▶▶

正在念三年级的丁凯，是个聪明好学的孩子，有一次，他在班上得了一张"最佳朗读者"的奖状，他骄傲极了。回到家里跟妹妹吹牛："看看你会不会读这个，小曼。"

妹妹拿起课本，仔细地看了一遍，然后结结巴巴地说："哥哥，我不知道怎么念。"

丁凯这下子骄傲的像只孔雀了，小家伙冲进客厅，得意忘形地跟爸爸喊道："爸爸，小曼不会读书，可是我只有8岁，就得了朗读奖状。看一本书却不会读，我不知道小曼有什么感觉。"

爸爸一句话也没有说，走到书架旁，拿了一本书，递给他说："她的感觉就像这样。"

那本书是拉丁文，丁凯大字不识一个。

丁凯一生也没有忘记那次深刻的教训，不论什么时候，只要想在人前自吹自擂时，他就马上提醒自己：记住，你不会拉丁文。

第14招

教会孩子礼义廉耻

陋习点评 ▶▶

在学校，老师经常用这句话来教导我们："播种一种行为，收获一种习惯；播种一种习惯，收获一种性格；播种一种性格，收获一种命运。"当时年轻，只是觉得很励志，摘录到自己的笔记本上。现在读起来，虽然有些陈词滥调，却深受感动。

近年来有太多的例子，总有一些人为了赢得人们的眼球，创造一些标题和做些违背人们三观和道德的事情。例如，"礼貌毁了孩子"，当看到这个标题时，相信大多数人都会非常反感。的确，我们常说孩子不应该太听话、太老实，但这不是允许孩子养成坏习惯的原因。

即使时代瞬息万变，底线还是要有的，有些道理我们还是要教给孩子，比如孝道、礼貌等等。

谈及餐桌礼仪，很多人认为只有西方人才会注意，我们东方人不需要在意这些复杂的规则。随着时代的变迁，大多数家庭都不注意这些餐桌礼仪，除了少数的家庭非常重视餐桌礼仪的培养。如果你的孩子不知道如何保持用餐秩序，吃饭的时候他们嘴里会发出很糟糕的声音，但是他们并不在意，更糟糕的是他们会把自己喜欢的食物挑到自己的碗里等。不要小看这些坏习惯，孩子的行为表现已经暴露了孩子的家教。

教法随想 ▶▶

孩子的礼义廉耻教育，往往是教育的综合体现。因此，实施基本的礼义廉耻教育，具有一定的奠基性。礼义廉耻教育应具有独特的教育思想和策略。注重培养孩子文明的生活习惯、行为方式等，为孩子全面综合素质"奠基"。如果父母用心教导孩子的礼义廉耻，那么孩子在外面的表现就会显得很体面，更少向熊孩子的方向发展。

事例解读 ▶▶

一个15岁的男孩走进电梯，按下楼层后，他摘下面罩，一遍又一遍地往电梯门口吐口水。现在正好是疫情的非常时期，这样的举动着实令人气愤。鉴于事情的严重性，社区居民选择了报警。

警察把孩子带回了警局，孩子父母知道这件事情后，先是在社区群里道了歉，之后便开始质问住户："孩子叛逆期就是这样，我们又不敢迁怒他，你们这样对待一个孩子，这是要毁了他？"父母堂而皇之地为其辩解才是毁了孩子。

如果15岁还不懂得在公共场所应该做什么，不应该做什么，说明他心中毫无规矩可言，让警察给予惩戒是对他最好的爱护。你舍不得给孩子上的紧箍咒，社会会给他上。

中国WTO首席谈判代表龙永图介绍过他的一次经历：他和几个朋友在瑞士的公园散步，上厕所时，听到隔壁"砰砰"地响，他有些纳闷。出来后，一个女士着急地说，儿子进厕所十多分钟了，还没出来，麻烦帮忙进去看一下。于是龙永图又折回洗手间，他看到一个七八岁的小孩正在弄抽水马桶，怎么弄都冲不下去，急得满头大汗。

原来，小孩觉得不冲水是违反了规则。龙永图很是感慨，这个孩子知道按规则去做事，大人背后的教育功不可没。讲规则的孩子总是会让人忍不住地夸赞。孩子的规则意识也绝非一日之成，而是在无数次地被纠正中养成的。这样的纠正可能是念叨、批评，甚至是责罚，因为没有这样的紧箍咒就换不回"规则"在他心中的分量。

现在的很多父母崇尚快乐教育，生怕把孩子勒得太紧。事实上，没有压力的教育就等于是没有给马儿栓缰绳，一旦马儿冲了出去，想收回来却很难。在育儿这条路上，家长千万要舍得，舍得给点压力，舍得让孩子吃点苦、受点累，舍得带上紧箍咒，这样，通向未来的路才会更顺畅。

第15招

赠给孩子仁爱的心

陋习点评 ▶▶

很多孩子生活在父母的溺爱之中，他们认为自己是太阳，所有人都要爱他、围绕着他，却不知道如何向别人表达自己的爱。父母要让孩子明白，每个人都是平等的，要得到别人的爱，必须先付出自己的爱。只有懂得爱的孩子才能真正得到别人的爱，才能有更多的机会，更有成功的可能。爱心是孩子未来立足于社会的前提和基础。

孩子不懂得爱，既受自身性格因素的影响，也受家庭环境、父母教育的影响。缺乏爱的主要原因是长辈爱得太多，孩子只学会了接受爱，不知道如何给予别人爱；很多家长本身缺乏爱心，在这种家庭环境下孩子自然不会充满爱心；有的家长在教育方式上不恰当，有时过于疼爱孩子，有时则粗暴无礼，导致孩子性格上的缺陷；现在很多孩子都是独生子女，他们的生活环境相对封闭，在孤独中长大，造成他们情感上的冷漠，不懂如何去爱。

教法随想 ▶▶

建议一：做一个有爱心的父母，榜样的力量最适合孩子。慈爱的父母造就慈爱的孩子。父母的言行对孩子的成长起着重要的作用。孩子总是把父母当作自己的榜样，父母的表现会让孩子成为衡量自己行为的标尺。

建议二：保护好孩子的爱，孩子们一开始都是有爱的，但是有些孩子的爱被父母不恰当的教育抹去了。孩子的心很单纯，父母要保护好，爱就会更加丰富；父母任意打压，孩子的爱就会枯萎。

建议三：及时表扬，用表扬来加强孩子的自信心。孩子听到父母的表扬会让孩子产生成就感，成就感可以在儿童时期保持很长一段时间并能成为一个好习惯，帮助孩子加强他们的爱。父母要抓住孩子的心理，及时表扬孩子的爱心行为，鼓励他们做一个有爱心人。

事例解读 ▶▶

小凡今年6岁，有一次小凡妈妈带他去超市，看到超市前有一个捐款箱，小凡好奇地问妈妈这些钱是干什么用的。妈妈说是用来帮助需要帮助的人的。小凡立刻掏出他的零花钱，塞进了盒子里，妈妈看到小凡的举动，高兴地拥抱着小凡，对小凡说："儿子，你真是个可爱的孩子。"小凡非常高兴。小凡的妈妈对他说："当需要帮助的人收到你的爱心时，他们会比妈妈更高兴，也会非常感谢你的。"正是赞美和鼓励，让小凡认识到帮助别人的意义和快乐。从此，当他遇到问路的人，他会主动告诉别人怎么走；当他在公共汽车上看到老人，他会让座。同时，他的妈妈也教小凡团结同学，学会帮助有学习困难的人，做一个善良的孩子。

让孩子从教训中学会反省

陋习点评 ▶▶

　　我常听到楼上爆发亲子大战，妈妈用尖锐的声音责骂自己的孩子，当说到激动的时候就会用武力来解决，所以能经常听到孩子的哭声。有时爷爷奶奶看不过去，就会来缓和这种争吵，但这个时候妈妈就显得更加委屈，不断抱怨孩子不听话，而且一直强调打孩子、骂孩子是对孩子有好处的。孩子也有自己的委屈，说妈妈不爱自己，自己稍微不听妈妈的话，就会被妈妈大声责骂，甚至会被打。

　　虽然每个妈妈都很爱自己的孩子，但表达的方式有千万种。有的妈妈喜欢用温和地沟通方式解决与孩子之间的矛盾；有些妈妈性情急躁，孩子的行为没有达到预期的结果就会引起一场战争。但可以肯定的是，长期打骂孩子的家庭并没有特别和谐的亲子关系，孩子们常充满了愤怒甚至想要逃离家的冲动。

教法随想 ▶▶

　　第一，家长需要自我反省，树立榜样。在生活中，家长有时候也会做错事，当着孩子的面承认错误，即使孩子对具体的事情没有正确的判断，但他能知道家长做错事也会承认错误，为孩子起到引导作用。

第二，家长应该注意良好的沟通氛围和方式。孩子做错事，家长不要盲目地打骂孩子，要采用关心、冷静的态度，可以先听孩子的解释，然后指出孩子的错误，再告诉孩子如何做是正确的，让孩子拥有辨别是非和自我反省的能力。家长要告诉孩子什么是对的，什么是错的，并帮助孩子吸取教训，取得进步。

第三，家长需要建立一个公平的对话平台。家长与孩子的关系其实是平等的，不要有凌驾于孩子之上的态度，让孩子有话不敢说，因此，对家长的建议就会有抵触心理。这也是第一点提到的家长应该自我反省，包括学习接受孩子的批评；第二点提到的良好的沟通氛围，实际上是基于公平关系的前提下，家长和孩子一起生活双方不可避免都会有错误。

第四，当孩子承认自己的错误时，允许他自己选择惩罚方式。孩子做错事，大人不要采取打或骂的极端方式。孩子已经意识到自己的错误，家长可以告诉他，如果他做错了什么他会受到惩罚，以此作为下次减少或避免类似错误的警告。惩罚不是目的，家长可以选择更合适的或者提供几种惩罚方法给孩子选择，让他自己执行，孩子更容易接受。当然，任何形式的惩罚，大人都要偷偷地跟着以确保有效和安全。

事例解读 ▶▶

一位妈妈对于儿子总是把错误归咎于他人而感到十分苦恼。

有一次，儿子要参加第二天的英语竞赛，可当晚都快12点了，他却还在看电视。

第二天早上，这位妈妈故意没有按时叫醒儿子，导致儿子没有赶上竞赛考试，迟到了整整一个小时。儿子回来后，满是抱怨，责怪自己的妈妈没有叫他。妈妈却说："你明知道第二天要参加竞赛，为什么还要看电视，不早点睡觉呢？妈妈有叫醒服务吗？你自己的事……"

儿子一下子怔住了，低头想了想，没有再说什么。自此，他学会了自我反省。

孩子的思想比较简单，而且很容易冲动，所以在做事情的时候很少会考虑后果，做事又很随意。此时父母需要正确引导孩子，分析这样做可能带来的后果并让孩子反思自己的行为。

第17招

传授孩子"节俭圣经"

陋习点评 ▶▶

因为现在经济条件提高了，有一些孩子有很多零花钱后就开始乱花钱，不看商品的价格，也不管这个东西是否有用。

教法随想 ▶▶

认识到培养孩子的节俭意识是培养良好品格的开始。美学大师朱光潜曾经说过，"有钱难买幼时贫"。这并不是让孩子过苦行僧一般的生活，而是为孩子创造一个节俭的家庭环境，让孩子们继承中华民族的节俭美德。

从小处着手，养成储蓄的习惯。我们应该让孩子养成节约生活细节的习惯，如珍惜食物、节约用电、节约用水等。在使用学习用品时要节约，不要写错一个字或两个字就撕掉一整张纸，不要总是折断铅笔芯。

教你的孩子量入为出。为人父母，要经常告诉孩子勤俭持家，让孩子知道一粒米、一滴水、一度电都是父母辛苦的工作换来的，父母给他提供的衣食住行都是用血汗换来的。让他们知道家庭能承受多少，这样他们就可以有意识地减少不必要的开支。

事例解读 ▶▶

有一位母亲想教她的儿子乐乐知道如何存钱、学习如何理财，让孩子知道投资每一分钱的意义；一个不会花钱的人不会是一个会赚钱的人。在存钱的同时，孩子们应该知道"钱生钱"的道理，应该给孩子们一个理财计划。阅读理财书籍是孩子接受理财培训的第一步。

接下来，她带乐乐去商店时鼓励他购物，告诉他1元、10元、100元能买多少东西，让他知道钱的真正价值。

之前母亲在银行给乐乐办了一张生肖储蓄卡，但一直是妈妈在帮乐乐存钱理财。下一步是让乐乐决定怎么花他的零用钱。让乐乐把余下的钱存起来以及新年的压岁钱存入银行。在接下来的日子里，他的妈妈会"顺便"教乐乐一些银行储蓄的方法。

从3岁起，孩子就应该能够识别硬币和纸币；5岁的时候，他就应该知道一枚硬币的价值和钱是怎么来的；7岁的时候，他就能读懂价签，从而形成了"钱是可以交换的"的概念；在他8岁的时候，他知道可以通过做额外的工作来赚钱，他知道可以把钱存到储蓄账户里；当他10岁的时候，他学会了每周存一点钱将来变一大笔钱；在11~12岁的时候，他知道如何从电视广告中获取信息，制定并执行超过两周的消费计划，知道如何正确使用银行术语……

用劳动和智慧赚钱，让钱为我们的生活服务。教孩子如何节俭，培养他们的理财意识和能力，这将成为他们一生的财富。

第18招

教会孩子懂得社会职责

陋习点评 ▶▶

大家都知道我们国家的应试教育已经到了一个非常极端的状态，孩子每天忙于学习、忙着做作业、忙着参加各种比赛，家长让孩子做的这一切是为了让孩子得高分，考一所好学校。结果，他们每天的生活方式是学习、提高成绩、取得高分，这样的孩子在很多方面都没有得到发展。

我们知道大多数孩子只要能够取得高分和进入大学，家长就万事大吉了。现在我们的国家有很多大学毕业生找不到工作，为什么找不到一份工作？因为他们平时受的教育存在问题，他们认为自己的责任只有学习，所以他们认为在大学里学习也只是考试获得一个文凭。

教法随想 ▶▶

1.孩子们从小就被灌输学习的观念

父母忙于孩子的学习、作业、排名，父母的注意力集中在孩子的学习上，从而忽略了孩子责任感的培养，这意味着如果你的孩子在幼儿园，你会经常说："学习是你的责任，学习是你自己的事情，学习是为你自己。"

父母应该调整自己的思维，如果你想让你的孩子有所作为，从今天开始，除了灌输给孩子学习的责任外，还要灌输给孩子其他的一些社会责任，如保护环境、尊重师长、友爱同学等。

2.告诉孩子自己的事情自己做

要培养孩子的社会责任感，我们必须让孩子知道自己的事情必须自己做，这样做看似有些耽误孩子的学习，但这样做可以锻炼孩子的动手能力，提高孩子的学习能力。

因此，我们要从小灌输给孩子做自己的事情，孩子可以写一个标语，那就是"自己的事情自己做"。写一个这样的标语贴在他的书房里，提醒他自己去做。如果一个孩子很少或几乎没有做过家务，那么不如现在就让他开始做。例如，今天让他自己叠被子，明天打扫自己的房间，自己的玩具自己整理，这样坚持一周，然后让他帮妈妈做一些力所能及的事情，慢慢养成习惯。

事实上，孩子不是做不到，只要父母意识到这样做对孩子有好处，跟他说清楚，妈妈有妈妈的工作，爸爸有他的工作，你也有你自己的工作，做一些你能做的事。

3.父母逐渐停止陪孩子学习

现在有很多孩子学习也让父母陪着，这是不对的。父母应该告诉孩子："学习是你的责任，学习是你的事。"如果父母本来是陪孩子学习的，那么从今天起就要停止陪孩子学习这件事。一方面，父母应该告诉他们的孩子做作业是他们的责任，学习是他们的责任；另一方面，他们应该逐渐减少和孩子在一起学习的时间。

事例解读 ▶▶

汶川地震后，社会各界人士都纷纷伸出援手，捐款捐物，有一位父亲给了儿子500元，让他把钱捐给灾区。可让他万万没想到的是，儿子居然私自花了这笔钱，而且给出了这样的理由："觉得灾区不差他这500元。"毫无疑问，这样的孩子是缺乏社会责任感的。

很多时候，承担一份社会职责，并不需要有多大的财力和背景，甚至无关年龄。济南市历城区港沟中心小学曾举办齐鲁志愿者微公益活动，500多名小学生集体成为志愿者，他们在公益之路上大步向前。他们所做的公益并不多么"耀眼"，无非是水瓶、旧报纸和纸盒等，所得到的钱财并不多，他们也会把变卖废品所得，悉数捐赠给有需要的人。

毫无疑问，生活在这样一个集体中的孩子，他们的父母都是幸运的，因为他们的儿女正在承担社会责任感的康庄大道上一路飞驰！

第19招

告诉孩子凡事都要讲原则

陋习点评 ▶▶

经常要小聪明的孩子，爱占别人便宜的孩子，做错事爱讲歪理论证的这三类孩子，一般都会表现在一些比较活泼的孩子身上。当孩子遇到这样的问题时，家长视而不见，笑着认为要小聪明的孩子脑子非常灵光、灵活；爱占别人小便宜是孩子的天性、是不懂事的表现；做错事还有一大堆歪理和你论证等表现，认为那是孩子口才好的表现。如果家长认为这三类表现的孩子都很正常，合理的话，离孩子叛逆，放大"错误"的时候也就不远了。

教法随想 ▶▶

在我们生活中，人缘好的人基本都非常的讲原则，有他自己在社会上独有的特征，有他独到的见解，当然，这类人肯定在生活质量上过得也不会差，可能还会相当有出息。这类人肯定与他的父母的教育引导有关，俗话说得好："父母正确引导教育出来的孩子，在孩子将来长大后步入社会就成功了一大半，这类孩子长大后人缘好，非常受欢迎，也受别人尊重。"孩子的健康成长，未来发展的方向，靠的就是从儿时扎下良好的人品为根基，只要根扎稳了，扎实了，就不怕风吹雨打。而作为幼苗般的孩子，根扎的实不实，就要靠家长怎么看待孩子在日常生活的表现了。

孩子的叛逆，放大"错误"的表现，都是从一些小错误、小细节去慢慢放大的。老人说："小时偷针，大了偷牛。"针是无关紧要的，而牛就另当别论了。《西游记》相信大家都看过，齐天大圣孙悟空可算是响当当的人物了，称妖占山为王没人管束，被太白金星邀请到天宫当弼马温看马时，大闹天河，玉帝也认为是小事不管，可最终却因为这个"小事不管"，导致了这个孙猴子大闹天宫、偷蟠桃、偷仙丹、闹地府等等。孙猴子最后被如来教导压在五行山下500年。悔恨的孙悟空对天抱怨道："没人管我，没人教育我，没人告诉我什么事情是不该做的。"是的，教育孩子何尝不是一样的道理呢？

事例解读 ▶▶

孩子的想法很单纯，他就是一棵未成形的幼苗，你怎么去扶他扭他，他就会跟着你的脚步走。在孩子的眼里，他每做错一件小事，家长若不去干涉他、指正他、教导他，他就会认为这是合理的。

那么受人尊重的人，他们小的时候肯定也是非常讲原则的，这个原则也是家长所教导出来的表现。所以讲原则之一：不贪小便宜的孩子是未来公司的栋梁，是未来成大事的优良合伙人之一。

爱耍小聪明的孩子，往往喜欢走些捷径，在未来成长的道路上，少不了磕磕碰碰。例如：孩子平时为了应付作业，难免会抄袭同学的作业，可到最后考试有老师监督的情况下，往往成绩挂零蛋。平时为了应付家长，应付老师，抄袭换来的分数，能得到赞扬，可到最后高考时还能骗得了谁呢？所以说讲原则之二：不耍小聪明的孩子，长大后必定脚踏实地，一分耕耘一分收获。

最后，对于喜欢讲歪理的孩子，会让人非常的反感，让人觉得孩子蛮不讲理。这样的孩子长大后，往往融入不到社会群体，慢慢地会被小伙伴所淘汰，被社会淘汰。所以说讲原则之三：不扭曲事实，不讲歪理来论证自己正确的孩子会受人欢迎，更会受人尊重。

第20招

给孩子无尽的精力和勇气

陋习点评 ▶▶

当孩子还小的时候，父母害怕孩子受到伤害，所以他们很谨慎，限制孩子的活动。当孩子稍微做一些危险的行为，父母会显得很紧张，"小心""危险""别动"成了口头禅。父母经常吓唬孩子使他们听话。天性活跃和固执的孩子可能会对父母的警告充耳不闻，但天性敏感和温顺的孩子会从父母的"不"信号中感受到危险，并立即停止。从长远来看，很容易形成胆怯的性格。

教法随想 ▶▶

孩子们有自我保护的本能。一般来说，他们自己都会很小心，家长只需要放手让他们去做就行了。此外，可以设置一些绝对禁止的区域，教孩子们日常生活中的安全知识，教孩子们一些自我保护的技巧。孩子们不能永远生活在你的保护伞下，偶尔吃点苦对他们是有好处的。

让孩子们自由玩耍。让你的孩子接触各种各样的情况和朋友；让你的孩子找到一个让他感到自在的朋友圈。在轻松的环境中，孩子们往往有勇气去释放自己，表达自己。在同龄人的引导下，孩子们往往会变得活跃和大胆。

对最轻微的危险不要惊慌或唠叨。在户外活动时，跟孩子保持一定的距离，不要让你的紧张情绪感染到孩子。

让你的孩子做他能做的，从擦桌子、扫地、洗袜子开始。孩子们渐渐觉得自己是有能力的，会越来越自信，越来越大胆。为你的孩子提供独立处理问题的条件和空间，比如，让他为郊游准备食物和做周日的主人。模拟如何处理有压力的情况和紧急情况。让你的孩子回答关于迷路、生病、被抢劫等问题。教你的孩子在公共演讲中保持冷静的技巧。心理上和技术上的准备，可以有效地减轻孩子的恐惧和害羞。

事例解读 ▶▶

一天，妈妈带着3岁的思嘉去游乐园玩。思嘉想用铁绳桥爬上滑梯。当妈妈牵着女儿到滑梯那里时说："那座桥太摇晃了，你可能会害怕，但它是安全的，妈妈保护你。"思嘉看了看桥，停了下来。整整两个小时，思嘉只玩摇椅、秋千和跷跷板。

有一天，思嘉和爸爸一起去游乐园。回来后，思嘉对妈妈说："我玩遍了游乐场。"妈妈很高兴，转身对思嘉的爸爸说："陪孩子一下午，你一定累坏了。""一点儿也不累，我只是坐在那里看着。看到她犹豫，我走过去教她怎么玩。她很聪明，学得也很快。"妈妈的脸色变了："你太大胆了，你不怕孩子受伤吗？""我都检查过了，保护设施很好，里面的孩子很有秩序，没有什么大问题。"思嘉也附和着说："我不会受伤的。"母亲无话可说。

显然，放手让孩子去跑、去跳、去探索，他们会发挥出远超你想象的勇气。也许只是一次敢于独自爬滑梯，也许只是能主动和陌生的小伙伴打招呼后一起嬉闹，但有了这样的开端，孩子的胆量就会在潜移默化中增强。

第三章　教会孩子管钱

第21招

"粒粒皆辛苦"不过时

陋习点评 ▶▶

随着人们生活水平的提高，温饱似乎早已离我们远去，身边人每天谈论的是如何获取更高品质的生活，不再有人谈及勒紧腰带过日子的过往。可是，即便生活变得更美好了，勤俭节约的美德依然不能丢。

我们看到的更多是孩子吃饭剩饭，吃菜剩菜，吃不掉就扔掉的现实，并有意无意地用营养均衡来掩盖浪费的事实，认为孩子还小，和他们大谈节俭为时过早。但我们是否知道，我国是粮食消费大国，节约粮食是永恒的话题。据统计，全球粮食每年产量约为15亿吨，若是全球停产，库存的粮食只够全世界人吃40天左右。退一步讲，要是真有那一天，你还会觉得节约是小事吗？

当然，全球停产的事情可能永远不会发生，不过这也不能成为我们忘掉节约这一美德的借口。提早培养孩子的节约习惯，不只会让他收获当下，也会收获未来。

教法随想 ▶▶

1.概念培养

让孩子们知道食物来之不易，让他们学会珍惜。浪费食物的孩子往往不知道食物是如何产生的，他们只知道钱可以买很多食物。建议家长有机会带孩子到农村去看看农民是如何播种、除草、施肥、浇水的，让孩子们经历"每一次辛苦"。

2.原则

有些家长看到自己的孩子不能吃完食物，不是选择倒掉，就是拿起来吃，这会使孩子逐渐产生依赖性，认为剩饭剩菜是正常的。当孩子吃饭时，父母可以督促他们尽可能多吃，或者要求他们把剩饭剩菜留到下一顿吃，这样，孩子就会逐渐养成节俭的好习惯。

3.树立榜样

带孩子出去吃饭，家长要以身作则，少点菜，剩菜打包；带孩子去自助餐，向孩子讲解礼仪，告诉孩子吃多少，拿多少，不够再拿，禁止浪费。不要让孩子养成不是自己的东西便可以随意浪费的习惯。

消除浪费，节约粮食，从小做起！培养孩子节约粮食的好习惯。

事例解读 ▶▶

一天，图图跟着他的父母去奶奶家。他们经过一个农场时，图图看见几个人在泥里弯着腰。

他好奇地问："爸爸，那些人在干什么？"

爸爸看了看说："这是农民伯伯种的水稻！"

"他们为什么满身是泥？"图图问。

爸爸说："因为他们要把秧苗放进泥里，所以他们身上就会有泥啊！"

图图看着远去的身影，陷入沉思。

在奶奶家，奶奶为图图准备了许多美味的食物。这时候，邻居家的小朋友们来和图图一起玩。

东东看见图图正在吃饭，便说："图图，等你吃完饭我再来找你玩。"

奶奶问东东："东东，你吃了吗？"

东东说："奶奶，我吃了。"

"你吃的什么？"图图问。

东东想了一会儿，说："我吃了米饭还有黄瓜泡菜。"

图图想象着东东的食物问道："能吃吗？"

东东立刻说："怎么不能吃，很好吃！我吃了两大碗米饭，这米饭是我爸爸辛苦劳动的成果，还有我爸爸的汗水！"

图图听后，羞愧地低下头吃起饭来。从那以后，图图不再浪费食物了。

第22招

让孩子明白生活的艰难

陋习点评 ▶▶

有些条件不富裕的家庭，觉得亏欠孩子，担心孩子比其他家庭的孩子，会产生自卑心理，反而更娇惯孩子。大多数孩子过着极端享受的生活，热了开空调、冷了有暖气。

当父母想把世界上所有的好东西和爱都给他们的孩子时，他们忘记告诉他们的孩子一件事：生活是难以想象的。

父母对孩子的"关爱"，无疑是一种"毒药"。孩子们享受着一切，他们不懂得知足，不懂得感恩，不懂得体恤父母，不懂得生活的不易。相反，虚荣、懒惰和无知已经滋生。

教法随想 ▶▶

给孩子良好的教育，都不如让他亲自感受：成人世界"不容易"！曾国藩曾经说过："侄子除了读书，还教他扫地、擦桌子和凳子、收粪和锄草，这是非常好的。"

现在的父母总是把最好的留给孩子，这实际上是不利于孩子成长的。长大了，物质越丰富，精神越匮乏；当精神软弱时，物质创造的脚步自然就停止了。相反，给孩子真正的成长，是让孩子明白困难与艰辛，教会孩子珍惜天赋与财富，引导孩子依靠勤奋与努力，才是给孩子最深刻的礼物。

事例解读 ▶▶

一个少年在高中沉迷于网络，经常半夜翻墙上网。一天，像往常一样他翻墙就跑，跑了一半就停了下来。从此，认真学习不再上网。后来他考上一所著名的大学，以前的同学问起这件事，他沉默了很久说，那天他父亲给他寄生活费，不舍得住在旅馆里，就在墙下坐了一夜。

你被这个父亲感动了吗？但如果这位父亲的艰辛，没有被调皮捣蛋的儿子发现，儿子能改过自新吗？

孩子不是生来就知道如何照顾父母的，他们只有真切地感受到父母的艰辛和磨难，才会感激父母，然后严格要求自己，不辜负父母的苦心。

相反，如果父母的生活起起落落，艰难险阻，给孩子过滤网，刻意为孩子营造一个无忧无虑的生活环境，又怎能指望他们了解父母的恩宠呢？蜜罐里泡大的孩子，怎么知道艰苦的滋味？

第23招

赤字生活未必很远

陋习点评 ▶▶

　　很多商家都盯着学生，各种促销活动，诱人的折扣，让很多学生心动不已。学生们将名牌手机拿在手上，购买昂贵的文具和新款随身听。在校园内外，一些孩子用手机发短信，邀请同学们聚在一起。随便打听一下手机充费情况，每月高的150多元，少也不低于60元。一些大学生说："小学生现在都在玩手机和平板电脑。如果我们不玩，我们就会过时。""你的钱用完了怎么办？"他们不以为然地说："现在的大学生都是'月光族'。"有多少不富裕的家庭，父母抱着孩子"成龙""成凤"的美好祝愿，在孩子们的软硬兼施下不得不满足孩子的需求。有些孩子不顾家里的实际情况，从来不认为父母赚钱是不容易的，依旧我行我素。

教法随想 ▶▶

　　教孩子理财的第一步是管好自己的东西。爱护好自己的东西，不仅自己的东西不容易丢失，而且不需要大人重复购买学习用品。相反，有些孩子不说这些小事没有做到，大到自己穿衣服，他都可以给你穿丢了。

那么如何保管好这些东西呢？很简单，只要是属于自己的东西，一定要有自己的专属标记。如把自己的名字粘贴在衣服上，或把名字绣在衣服上，即使丢失，别人找到了也可以归还。

其次，妥善管理你的零花钱。说到这点，我不知道父母是怎么给孩子零花钱的，是孩子要就给，还是一周给一次，给他多少钱，让他有计划地使用零用钱。我认为后者更好！我自己的孩子，在他小的时候我每周给他一次零花钱，如果还没到下周时就把零用钱花光了，我这周不会再给他多余的零用钱。当然，有时孩子们会说他们需要钱去买学习用品，而我不会给他现金去买这些东西，而是家长帮忙买回来。

长期以来，孩子们知道要计划着使用，有时想要挥霍，就会想到挥霍过后会有一段时间没有钱，就会知道节俭。

当我的孩子长大了，我每个月给他一次零花钱。给他一笔固定的钱，固定的时间，告诉他如果你想一次性花掉所有的钱就要准备好一个月没有钱的生活。

刚开始，孩子会索要半个多月的零花钱："妈妈，我的钱用完了，我能预支下个月的零花钱吗？"当然，我只能安慰和教育："我们大人都不能自由预支工资，更不用说你的零花钱了。"

然后问问他的零用钱花在哪里了。有时他会把钱花在社交上，给亲密的朋友送生日礼物，然后一次性花光。

当然，他继续索要是不可避免的。有时为了安慰他，问他想买什么。例如，一个小饰品，小包挂件，看到他想要的，可直接买给他，但不会多买，也不给现金。

事例解读 ▶▶

王宇的父母都是从事建筑生意的，家境优渥，所以在王宇念到高中二年级时，他的妈妈就把王宇送到了澳大利亚留学，妈妈希望儿子在更为优秀的教育环境中有所提升。

可遗憾的是，王妈妈并没有得偿所愿。王宇的情况没有任何改变，反倒比之前更加不喜欢与人沟通，学习上也十分不上进，玩游戏成了他消磨时光的唯一方式。更让人觉得可悲的是，王宇对于金钱没有丝毫节俭的概念。差旅费、学费和生活费三项加在一起，他在两年内居然花费了超过200万元，而学费其实并没有太高，更多的钱是被他随意消耗在价值不大的事情上了。

还有更令人失望的：王宇最终连预科毕业证都没能拿到。之后，王妈妈放弃了让儿子继续留学的想法。可回到家后的王宇，依旧每天窝在房间里打游戏，没钱了就向妈妈要，而且每次数额很大。

一年后，王宇的父母在生意上遭受冲击，破产了，欠下巨额债务。可王宇呢？他表现得一副若无其事的样子。事实上，他并不知道赚钱的意义，也就无法知道破产的意义，对于"生活的赤字"，他更是个门外汉。这一切，不得不说与他父母的教育有关。

在孩子成长的路上，忙碌的家长总是缺少陪伴，在金钱方面，更多的是竭尽所能，用金钱填补孩子原本空缺的情感，于是，孩子对于金钱愈发没有概念，哪里还懂得理财呢？

教会孩子管理零用钱

陋习点评 ▶▶

　　有的孩子有了零用钱以后变得很小气、自私，买东西只给自己享受，还对父母说："这是用我的钱买的，你不要尝！"父母在这个时候也只是笑一笑。

教法随想 ▶▶

　　1.在尊重他人意愿的基础上给出建议

　　孩子们可以用零用钱来满足我们不赞成的消费欲望。也就是说，在尊重孩子自由支配支出的基础上，父母可以提出一些建议。如果父母太严厉，孩子在买东西的时候听父母的话，那么孩子就像一个"储蓄罐"，完全失去了用零用钱培养他们理性消费和理财的意义。父母应该清楚，孩子在零花钱上要走一些弯路，也是让其积累经验的途径之一。例如，当一个孩子被"喝完就赢"的促销活动所吸引，把所有的钱都花在买饮料上时，他会反思自己的冲动。

　　2."安全消费"教育

　　有了零用钱，"安全消费"方面的教育是必不可少的。孩子喜欢在小摊上购买散发出怪异香气和荧光的新奇文具，购买来历不明、色彩俗艳的塑料玩具，购买会在舌头上"爆破"，或把舌头染绿、染蓝的糖……当父母发现孩子的消费已经伤害到他的健康时一定要干预，让孩子明白食品、玩具和文具的质量安全对他健康的重要性。

事例解读 ▶▶

李小姐是一所小学四年级的班主任，她说："有一次，学校要花160元买校服，我们班的四个孩子都忘了拿。""我想让他们下午回家去取，但我的一个学生提出借给他们每人160元。男孩在全班同学面前拿出了一沓100元的钞票。孩子的零花钱不应该是炫富的资本，如果孩子把钱放在外面，势必会对其人身安全产生隐患。

给孩子零花钱很重要，但不要太多。通过花钱，孩子可以对交易有一个基本的了解；孩子可以学会自己做决定，因为零花钱是有限的，不是他想要家长就会给，他想要的东西肯定会有很多，孩子学会从权衡中思考，变得独立；通过管理零花钱让孩子学会制定计划。

第25招

孩子购物中精打细算

陋习点评 ▶▶

孩子们的奢侈浪费越来越严重。有些人总是穿名牌服装，喜欢互相比较；有的人喜欢漂亮、高档的铅笔盒，从而就扔了以前的铅笔盒；有些人早早地买了很多铅笔，用不完就扔进垃圾桶；有些人邀请同学参加生日聚会；有些人甚至花钱请人帮他们做作业……这些学生只知道如何花他们父母的钱，不知道他们父母的辛苦。这种现象所形成的潜流正在悄然改变着孩子们的价值观、人生观和道德观。我们不得不深切关注。

教法随想 ▶▶

一般而言，孩子长到六七岁的时候，家长就应该有意识地告诉他们关于"什么东西是需要的，什么东西是不需要的"了。这一时期的孩子有着严重的欲求不满的特点，只要自己想要的东西，会用尽各种方法获得，满地打滚也是一种方法，很多家长就是输在这一招上。这时，家长应该表现得更为心平气和才行，不去理会，两三次之后，孩子也就丧失了"斗志"，不再这样无理取闹了。

　　这个时期的孩子，具备了很强的认知能力，家长在购物时可以让他们写下购物清单，与孩子一起商量某一件物品是否是必须购买的，还是可以暂时不买以后遇到价格更合适的再说，抑或是根本用不上，这三类划分清晰，就可以带着孩子去选购商品，并同时跟孩子解释某些物品的价格和实际用途。偶尔，可以让他们自己去判断某一商品对于目前的自己来说是有用的还是毫无价值的。孩子在这一过程中，肯定会发现钱的价值，了解到钱可以购买到很多东西，但不需要买的东西也一样很多。慢慢地，他们会养成在购物时精打细算的习惯。而这也是作为家长的你，以财商教育者的身份为孩子上的第一堂理财课。

事例解读 ▶▶

　　今年秋天，妈妈打算给女儿冰冰买一套保暖内衣。母女俩先来到家附近的超市，在超市的服装区域，母女俩看中了一套价格70元的保暖内衣。不过，妈妈只是看了看，简单问了价格，并没有马上付款。她让冰冰记住这套保暖内衣的价格、品牌，之后和冰冰到其他商店看看。

　　很快，母女二人又来到一条商业街。两人随意地逛着，冰冰也留心看着是否有那个品牌的保暖内衣。走了一会儿，妈妈问冰冰是否有看到那款保暖内衣。此时的冰冰非常认真地"搜查"街上的商铺。终于，冰冰看到了同一品牌的保暖内衣专门店。两人进去之后，询问柜员得知价格是98元，要比之前的贵。这次，还不等妈妈说话，冰冰主动拉着妈妈走了出去，并说："妈妈，我们不能在这里买，这里的更贵！"

　　妈妈是有意让冰冰学会如何在购物中精打细算、货比三家的，所以又带着她到了另一处的商场。在商场里，冰冰轻车熟路，很快找到了同一品牌的保暖内衣，可一问价格不禁吓了一跳，这里的保暖内衣要178元。

　　有意识地让孩子参与到家长的日常购物中，会让他们更早地学会制定理财计划。

第26招

切莫让孩子学会骗钱

陋习点评 ▶▶

孩子都有着很强的好奇心，也很容易被新鲜的事物所吸引，所以他们在遇到某个新奇的东西时，会以孩子的方式向父母所要，而一旦父母无法满足时，他们就可能思想偏向极端，采用非常规方式骗取金钱，以达到目的。此时，父母要认识到问题的严重性，孩子通常会认为自己用"我要买带闪灯和蜘蛛侠形象的圆珠笔"而成功地骗取了一次金钱后，这一办法会屡试不爽，久而久之，他们会撒更大的谎，也会骗更多的钱。后果是不堪设想的。那么，当作为家长的你发现自己的孩子骗钱了，你应该怎么做呢？

教法随想 ▶▶

第一，心直口快，暗示他我已经知道你骗钱了，然后引导他说出真相。

第二，要弄清楚他为什么要骗钱。

第三，告诉他你能给他多少钱，你不能给他的理由是什么，告诉他通过什么渠道和方式可以得到他需要的钱。在这个问题中，"阻塞"不是解决的办法，"疏通"才是王道。

第四，告诉他什么时候都不能说谎，不能他说什么就做什么，否则他会受到惩罚。

事例解读 ▶▶

12岁的小雨是一个很聪明可爱的女孩，有许多人喜欢她，父母也自然把她当成宝，视她为骄傲。

一天，小雨的爸爸带着她逛商场，小雨逛着逛着，突然站在一个柜台面前，眼睛一直盯着一双漂亮的皮鞋。爸爸没有在意，便招呼小雨继续走。第二天中午，小雨在吃饭的时候和爸爸说，学校要购买学习材料，需要100元钱，要学生自己交给班主任。爸爸有些奇怪，因为平日班主任会在班级群内通知收取各项费用。小雨告诉爸爸，这次有些紧急，所以班主任要求下午带去。爸爸也没有多想，就拿给小雨100元钱。

当天晚上，满腹狐疑的爸爸怎么想都觉得不对劲，便把这件事和妈妈说了。妈妈听完，觉得女儿肯定撒谎了，因为下午她在单位刚与班主任联系过，并没有听说收取资料费的事情。夫妻俩商量了一下，决定好好教育一下女儿。

于是，妈妈在饭桌上说："小雨，妈妈跟你说个事情。妈妈同事家的孩子和你差不多大，有一次他看中了一台游戏机，但是知道妈妈不会给他买，于是就和奶奶说学校要组织联欢会，每个人都要交钱……"说到这里，妈妈已经发现小雨脸色不对了。接着，小雨说："妈妈，对不起，我骗了爸爸，说学校要交资料费，其实是那天爸爸带我去商场，我看到了一双很喜欢的皮鞋，所以……"

最终的结局是皆大欢喜的，小雨妈妈苦口婆心，告诉了小雨如何获得金钱才是正确的，并鼓励她可以通过别的方式得到自己喜欢的东西，但绝对不能靠欺骗。

第27招

偶尔也让孩子当当家

陋习点评 ▶▶

　　"你在家做饭吗？做家务吗？"……大多数学生的回答都是一样的："没有。"北京18岁的中学生王静说，她在家从来不做家务。其实，这似乎也是一种惯常情况，因为家长习惯了当家做主，习惯了专制，习惯了什么事情都自己做主，也自然不会让孩子主动做任何家务。他们的观点是：孩子的主要任务是学习，除此之外，做任何事情都不那么有意义。

　　学生的天职是学习，这是无可厚非的，只是，除了学习，家长也应该偶尔放手，让孩子当家做主，体会一下"主人翁"的感觉，这对他们的成长有益无害。

　　更多的家长习惯了为子女做安排，让他们按部就班沿着自己设定的轨迹运转，如同牵线木偶一般。这样的确在某种程度上避免了孩子走弯路、耗时间，可孩子也因此失去了主动体验、触碰生活的机会，于他日后进入社会大大的不利。

教法随想 ▶▶

　　让孩子"当家做主"就是从"远处"观察孩子。只要孩子不超出基本原则，就没有必要干涉或指责孩子的行为。如果孩子做得不够好，家长可以指导，只需要注意方式和方法，用讨论的语气。

为了不让孩子"输在起跑线上"，许多家长尽最大努力给孩子报各种各样的补习班，家长群在暗自竞争："你给孩子每周报3个班，我悄悄给孩子每周报5个班。"……为了孩子好，为什么不考虑一下孩子的感受呢？孩子喜不喜欢报班？喜欢报什么班？为什么不给孩子一点自主权？

上学、上课就是学习，这叫作"读万卷书"；还有一种学问叫"行万里路"。为了增加孩子们的体验，孩子们在放暑假、寒假时，作为父母，会想办法抽出一定的时间陪孩子去"外面的世界"看看。选择旅游路线，商量去哪里旅游时可以多听听孩子的意见，这样，孩子才能有独立的意识。

孩子在成长的过程中，总是想要被重视。孩子眼中的认真对待，是他们说父母听，自己的事情自己做主，可以自己选择朋友，可以有自己的"隐私"，能够大声说"不"。即使有些想法会有些"出格"，也是孩子们自主意识的萌芽，说明孩子们一天天长大了，提醒父母孩子们开始有自己的想法了，父母应该珍惜和引导这些想法。

当家做主的权利是对孩子独立性的尊重，为孩子成年后的独立生活打下良好的基础。对此，父母应该给予最大的需要支持、指导，而非打压孩子的积极性。

事例解读 ▶▶

东一小学组织了一次主题为"我来当家"的户外活动，35名小学生和家长一同参与到这一集体活动中。先由老师安排具体的任务，比如告诉孩子们如何给家长分配工作，之后孩子们成为家长，让自己的"孩子"听自己的话，不要"乱跑"，去玩自己想玩的。

一时间，所有的家长都开始了"自由活动"，有的到树林里散步、有的到湖边赏花，还有的在唱歌，热闹非凡。而孩子们呢？这些小家长们可是忙坏了，在老师的带领下完成了一次集体拔河比赛之后，就开始作为今天的主角为自己的"孩子们"准备饭菜。

小家伙们一个赛一个，谁也不服输，有的在摘菜，有的在洗碗筷，有的支起了锅，有的去捡一些树枝当柴火……一切准备妥当，"大厨们"上场了，今天他们准备了焖豆腐、番茄炒蛋、可乐鸡翅、青炒瓜片、凉拌黄瓜、炖排骨。这几个家常菜看着简单，具体做起来还是有一定难度的。家长们不放心自己的孩子，偷偷跑过去想指点他们，可都被老师"赶走"了，老师告诉家长们，这一次是要让他们当主角，所以一切都是他们做主。

没用多长时间，孩子们一个个端着自己的"胜利果实"出场了，看着这些小大人们的成绩，有的家长不禁流下眼泪，感觉他们的孩子长大了。

学校组织的活动很有意义，可以最大限度地让孩子们主动发挥自己的能量，也让他们了解到父母平时的辛苦。所以，父母要适当地让孩子"当家做主"，此外，需要全家一起参与的活动，要征求孩子的意见，这不仅可以让孩子感受到被尊重，而且还能培养他们的独立性。

第28招
帮助孩子树立正确的金钱观

陋习点评 ▶▶

　　大多数父母想当然地认为，孩子随着年龄的增长，自然而然地就会懂得如何赚钱和如何使用金钱，所以小的时候不用刻意去培养他对金钱的认知，甚至有的家长觉得让孩子过早地接触金钱，会沾染一身的"铜臭味"，那样的话，孩子会只认钱、不认人，不利于孩子的健康成长。

　　这种想法固然有其道理，不过，只要能掌握一定的尺度，让孩子更早地接触金钱，树立正确的金钱观是很有必要的。难道家长都没有在周围人的身上，或者是电视上看到年纪不大的孩子偷钱、骗钱，却觉得这不是什么大不了的事情吗？显然，这就是对金钱没有准确认知造成的，相信很多人一定看到过，却不以为然，因为事情没有发生在自己孩子身上。但防微杜渐很重要，因而，作为家长务必要担起自己应负的责任。那么，具体要怎样做呢？

教法随想 ▶▶

　　首先，让孩子明白赚钱并不容易。今天的大多数孩子都过着相对富裕的生活，在物质上获得了极强的满足感，甚至是优越感，这自然导致他们不懂得珍惜金钱，或者说，父母没有正确引导他们认知金钱的意义，孩子会觉得一切都是自然存在的，觉得自己的优渥生活是一种常态。因而，父母要想方设法让孩子明白钱不是那么容易就能得到的，而是通过努力和汗水才能换取。

其次，让孩子知道贫穷并不可怕。有的父母采用的方法似乎欠妥，那就是在孩子面前一味地抱怨，抱怨生活艰难，抱怨日子难过，抱怨自己没钱，他们的出发点是好的，是为了让孩子懂得节俭，不乱花钱，可方法却大错特错，这会让孩子对贫穷产生恐惧心理，认为如果没有钱，就会像父母一样每天都不开心，充满负面情绪，继而，他们在日后的成长过程中也许会变得"唯利是图"，觉得只有拥有了金钱，才会心安，显然，这是一种适得其反的教育方式，父母务必要谨记。

正确的做法是要让孩子学会独立思考，告诉孩子努力工作的意义，培养孩子具备克服困难的精神，并牢记通过努力获取金钱，才是人生中最畅快的。如此，孩子会在家长的鼓励和正确引导下，会对金钱有一个精准的认知。

事例解读 ▶▶

有一个12岁的小男孩，他的妈妈每个星期都会给他20元的零花钱，可最近几天，他却需要50元零花钱才能度过一周，显然，花钱的速度加快了，金额变大了。不过，他的妈妈却不以为然，保持的态度是："20年前，我在他那么大时从来都没有零花钱，所以我会尽自己最大的努力去满足孩子的需求，我小时候经历过没有钱的生活，我知道那是什么滋味。我不想让我的孩子感到自卑，成为一个自卑的人。"

这位妈妈的做法对吗？很难说是对或是错，因为角度不同，对于一件事就会有不同的解析。只是，这位妈妈在坚持自己做法的同时，要适当引导儿子，让他对金钱有恰当的认知。比如，每次给完零花钱，可以告诉他"妈妈小时候没有零用钱，也一样会努力地学习，长大后努力工作，零花钱并不能决定任何东西。而且，不管你花多少钱，这只代表妈妈对你的爱，但你应该有正确的观念，不能认为妈妈会无休止地满足你的零花钱额度……"

一次两次，也许孩子听不进去，但变换方法传递这种信息，久而久之，孩子肯定会有所改变。因此，家长的行为和想法才是最重要的，这会直接为孩子指出一条明路。

第29招

让孩子学会理性消费

陋习点评 ▶▶

一个小女孩和妈妈一起去购物，回家后兴奋地对妈妈说："妈妈，我找到了一个赚钱的好方法。把碗放在街上，你就有钱了，你不用工作了，我想买什么就买什么……"妈妈记得在从商场回家的路上，他们遇到了一个乞讨的乞丐。

这位妈妈苦恼道："孩子有这样错误的想法，但我不知道怎么教孩子……"

经常有父母抱怨说，他们的孩子喜欢乱花钱，给同学买贵重的礼物，看到什么买什么……他们的父母说不知道如何教孩子理性消费。

教法随想 ▶▶

孩子们感受不到赚钱的辛苦，就不会有控制花钱的想法，比如带孩子去看别人怎么赚钱，尤其是清洁工、服务员等等，告诉他们赚钱很辛苦，不能乱花钱。

要把钱花在应该花的地方，这个月的主要支出要有一个总体的计划，这样我们才能控制支出。给孩子一定的零花钱，让孩子自己去安排。

节俭是个好习惯。我们节俭不是因为我们没有钱，而是因为我们有节俭的好习惯。

如何培养一个不唯利是图的孩子，关键在于家长。如果父母知道什么钱该赚，什么钱不该赚，并且乐于助人，他们的孩子也会成为这种人。良好的商业意识和良好的行为并不冲突，让孩子们学会诚实地挣钱，健康、合理地花钱是正确的。父母的价值观会以一种富有感染力的氛围传播开来，充满你和孩子的世界，慢慢地，对孩子形成深刻的影响。

事例解读 ▶▶

当圆圆上小学的时候，我和她一起去购物，在一家礼品店看到了一个特别漂亮的洋娃娃。她非常喜欢它。但是娃娃太贵了，超过100元，大约是我当时月薪的十分之一。虽然我有一份不错的收入，但这个娃娃超出了我的消费预期，所以我犹豫了一会儿，考虑到家里有很多娃娃就把它放了回去。临走时，店家说因为太贵，进货时也没进几个，现在就剩这一个了。我能看到圆圆当时的沮丧、难过。回家后，我和圆圆商量她可以自己赚钱买娃娃，比如帮父母洗碗，每洗一次碗可以挣2元钱，只要50元就够了，剩下的钱由妈妈帮忙分担，圆圆接受了这个提议。她以前从来没有洗过碗，所以这是一个学习如何做家务的机会。对一个小学生来说，洗25次碗是不容易的。我先给圆圆做了示范，然后经常鼓励她，当然，她不想洗也不勉强，圆圆花了将近两个月的时间才挣到50元。在这个过程中，她担心娃娃会被别人买走，我向她保证不会。于是我和圆圆达成了洗碗的协议，我偷偷把娃娃买回来并把它藏起来，等圆圆洗了25次碗后，我立刻拿出了娃娃，圆圆很惊讶也很高兴。

虽然那时，圆圆只觉得得到娃娃很快乐，但我相信，通过这件事，有什么东西已经开始进入她的心里，那就是：坚持，就会有收获。

第30招

杜绝炫富行为

陋习点评 ▶▶

许多孩子在青少年时期没有金钱概念，喜欢用物品来吸引身边人的眼光，对于喜欢的东西只会盲目追逐，却不会去衡量物品的价值家庭是否能承受得住。对此，很多父母溺爱孩子，只会一再地满足孩子的愿望，不考虑这对孩子的将来会产生负面影响。

教法随想 ▶▶

青春期的孩子总是想要得到其他人的关注，希望从他人的关注中获得存在感。但是这也引发了很多问题，许多孩子会从穿衣打扮上入手，喜欢靠时髦、昂贵的衣服来博取他人的关注。

父母在思想上教育他们，让他们树立正确的三观。很多孩子盲目地追求财富并没有正确的价值观。父母如果一直满足他们的愿望，不对他们进行教育，那年幼的孩子就没有金钱意识，日益膨胀的需求难以满足时，就会成为拜金主义，严重时，甚至为了钱不择手段。遇到这种情况怎么处理呢？我们来看一下下面的事例。

事例解读 ▶▶

刚上初中的宁远结识了一群家境不错的朋友，相处时间长了，宁远发现他们经常讨论别人的衣服是否是名牌，鞋子是否是AJ（乔丹）。在这些朋友的影响下，宁远变了，穿的衣服、鞋子都要当下最时髦、最贵的。刚开始父母还能满足宁远的要求，时间一长，经济上的压力很大，父母决定找宁远好好聊一聊。

父母询问了宁远买这些衣服的原因，在宁远的回答中，他的父母发现宁远只是为了满足自己的虚荣心。在父母的劝导下，宁远没有改变，还和父母起了争执。后来，宁远的父母决定在暑假时让宁远去打工，好好感受一下赚钱的不易。

暑假时，宁远的父母让他去大街上发传单，宁远抱着传单在大太阳底下站着，没有人理会他。宁远卖力地跑着，向其他人讲解着传单。等他好不容易把传单发完了，口干舌燥地结算工资时，才领到50元。

一整天下来，宁远才挣到50元，他开始反省自己，看着自己脚上那双价格不菲的鞋子，也想到了父母，他没和父母多说什么，但却不再向父母要价格昂贵的东西了。

宁远的父母很理智，孩子没有体会过挣钱的不易，自然不理解父母的心思。所以他的父母让他好好体验了一次生活，让宁远明白挣钱的不易，他自然也就能理解父母拒绝他的理由。

在教育孩子时，切不可使用过激的手段，父母和孩子是身份、思想不相同的人，孩子很难理解父母的用心。不如学学宁远的父母，直接让孩子去体验一下，经过生活的锤炼，自然就能理解父母了。

第四章　家长要与孩子多交心

学会倾听孩子的心声

陋习点评 ▶▶

在传统教育中，"老子说，儿子听"和"大人说话时不允许孩子插嘴"似乎已成为一种普遍的现象。然而，事实证明，这种"一刀切"的方法是有问题的。父母只考虑自己的权威，不让孩子表达自己内心的想法，甚至不调查事情的前因后果，只是一味地暴怒，这种做法是违背家庭教育目的的。

在家庭中，父母和孩子之间的误解或矛盾是不可避免的。作为孩子的家长应该充分尊重孩子，给孩子说话的机会，家长应该耐心听，如果不等孩子说完父母就武断地下结论，这无疑会给孩子造成心理创伤。

教法随想 ▶▶

当孩子说出自己的感受时，父母应该蹲下身体与孩子保持平视状态，而不是以居高临下的态度对待。这是基本的尊重，孩子们也需要这种尊重。

父母不应分心做其他事情，如阅读杂志，这将给孩子一个暗示，告诉他们你并不想听他们的感受。

当孩子说出他的感受时，父母可以用眼神表示你在鼓励他，让你的孩子意识到你在倾听，他就会不知不觉地放松下来并愿意与你交谈。

当孩子倾诉时，父母一定不要在孩子没有说几句话的时候打断他，不要认为他在捣乱，更不要说出一些极端的话，如"我已经知道了，不要打扰我"等等。这样不但扫了孩子的兴，可能以后会让孩子不敢说话。

当孩子想分享他的心情时，父母可以按照孩子的话去做表情。比如张大嘴巴表示你很惊讶。虽然这对成年人来说有点夸张，但孩子们希望成年人对他们所说的话感兴趣并在情感上受到他们的影响。

当孩子倾诉心声时，父母可以用适当的语言表达自己的观点，或者说一些简单的鼓励或表扬的话，比如"我也这么认为""你太棒了"等等。

学会倾听孩子说话，孩子愿意和你说话，愿意和你像朋友一样交流，父母的教育越简单，孩子的心理发展就会越健康。

事例解读 ▶▶

雯雯今年上六年级。最近，雯雯的妈妈发现女儿很不一样，经常一个人闷闷不乐，不像往常那样爱说爱笑。雯雯的妈妈觉得女儿有心事，决定和女儿谈谈。

一天，晚饭后，雯雯的妈妈拉着雯雯的手说："你这几天好像很不开心。走吧！妈妈会带你去公园散步。"

雯雯一路上什么也没说。走到长椅上，妈妈带着雯雯坐了下来。看着女儿，雯雯的妈妈说："雯雯，等你长大了，人都会有烦恼的。我不是说过吗？虽然我是你的妈妈，但我也是你最好的朋友。你有任何烦恼，任何困难都可以告诉妈妈，即使妈妈帮不了你，也可以为你分担一点，对吗？有谁比妈妈更值得你信任？"

这时，雯雯似乎毫无顾忌，靠在妈妈的肩膀上，小声说："妈妈，我一直觉得这件事不好对你说，我怕你生气。"

雯雯的妈妈笑着说："傻孩子，我是你的妈妈，怎么会生你的气呢？"

雯雯想了一会儿，说："妈妈，你认识我的同桌杨刚吗？"

"嗯，我知道那个男孩，不错的一个孩子。"妈妈回答说。

雯雯接着说："我们关系很好，平时考试不是我第一名，就是他第一名。不同的是，我擅长数学而他的数学成绩很一般，所以我经常在放学后帮助他学习数学。但上周……妈妈，他说他…喜欢我。我真不知道该怎么办。"

雯雯的妈妈明白了为什么女儿这些天心情这么差。雯雯的妈妈心想：这件事挺麻烦的一定要处理好。想到这里，雯雯的妈妈拍了拍女儿的后背说："没什么大不了的，这表明你已经长大了，妈妈很高兴你能告诉我这件事。另外，如果有人喜欢你，那说明我女儿很优秀，妈妈很高兴。其实妈妈小时候也有过类似的经历。"

"真的吗？"雯雯盯着妈妈。

"当时妈妈比你大一点，住在我家附近的一个男孩经常骑自行车来接我放学。起初我以为他因为我们既是邻居又是朋友才来接我的，直到有一天他写信给我……然后我回信告诉他，我想要一个像他一样的哥哥。后来他成了我的哥哥，我们一直是好朋友。我们搬家后才失去联系。雯雯，现在你已经长大了，你应该知道如何处理这样的事情，对吗？妈妈建议你和杨刚说清楚，做朋友很好，可以互相帮助、互相学习。但没有其他想法，因为你还没有真正长大。妈妈相信杨刚能明白。如果你有任何问题，你可以随时和妈妈沟通，好吗？"

"你真好，妈妈，起初我不敢告诉你。"雯雯如释重负地笑了。

这就是沟通的魔力，这就是倾听的魔力。我们应该向这位母亲学习。她轻松地解决了孩子的一个"小危机"。作为父母，无论我们做什么都是为了孩子好。但是，既然是为了孩子好，那就不要粗暴地指责，不要无情的惩罚，选择倾听是正确的方式。在倾听中，融入对孩子的爱、宽容、耐心和鼓励，为孩子的成长创造一个快乐温暖的环境，从而在自己和孩子之间建立最亲密的亲子关系。

第32招
发现孩子与众不同之处

陋习点评 ▶▶

在生活中，我们经常会以自己的想法与社会标准来衡量孩子，并不会考虑这些所谓的标准是否适用于孩子。作为父母，我们常挂在嘴边的一句话是："别人家的孩子都能做好，为什么你做不好？"拿自己的孩子和别人家的孩子作比较，几乎是所有父母的"通病"，在我们眼中，孩子似乎是缺点集合体，他们原本的优点也因为我们无限放大他们的缺点而被忽略了。

教法随想 ▶▶

一个人的特点是他存在的价值，不强求孩子向别人学习，而是发挥孩子的长处。他们不仅感到快乐，而且更有可能为社会做出真正的贡献。通过观察你的孩子，你会发现他独特的优势，支持和鼓励他做自己，帮助他充分发挥他的才能。素质教育就是发现孩子之间的差异，让孩子有自己的成功。一个好的父母应该做的是：发现孩子的天赋。每个孩子都是独一无二的，而父母是孩子最亲密的人，父母是孩子的"侦察兵"。

事例解读 ▶▶

　　杨振宁在美国学习期间，实践能力非常差。许多同学开玩笑说："实验室里哪里有爆炸，哪里就有杨振宁。"你知道，作为一名物理专业的研究生，尤其是实验物理专业的研究生，如果实验能力差，通常意味着这个学生没有未来。

　　然而作为一名物理大师，杨振宁的优势在于他一流的分析能力，因此，大师训练杨振宁并指导他理论物理。后来杨振宁在物理学领域取得了杰出的成就并获得了诺贝尔物理学奖。

　　每个人都有优点。只要父母愿意用一双充满爱的眼睛去欣赏自己的孩子，每个孩子都是值得父母骄傲的。父母在教育孩子的过程中最常犯的错误是把自己孩子的缺点和别人孩子的优点进行比较，甚至过分地美化和夸大别人的孩子。也许父母这样做是出于好意，为他们的孩子树立榜样，但事实上，这会给孩子带来很大的伤害，甚至影响孩子的生活。

第33招
能听得进去孩子的批评

陌习点评 ▶▶

当人们相处的时候，冲突是不可避免的。如果父母总是正确的，孩子总是错的，这对孩子有什么好处？

"我的父母认为他们说的一切都是对的，即使不对，因为他们是父母，所以一定是对的，我真的无法忍受。"一名用户在知乎上写道。

在这样的家庭中长大的孩子往往显得不自信，因为他们总是被否定，他们甚至不敢在公共场合表达自己的观点。

有些孩子走到了另一个极端。他们生活的目的和意义是向父母证明自己，并努力按照父母的想法生活。这样的生活是不自由的，因为他总想取得别人的认可并深受别人意见的影响。

教法随想 ▶▶

适当地示弱，告诉孩子：你让我受伤了。一些家长认为在孩子面前示弱会失去他们的权威，影响他在孩子心中的形象。我不同意这一点，我认为在孩子面前示弱是用实际行动告诉他们，没有人是万能的，每个人都会犯错。

事例解读 ▶▶

这天，湖南长沙市民孙先生回到家里，恰好看到儿子正拿着一瓶啤酒喝，已经是满脸通红了，孙先生又吃惊又生气，快步上前夺走了啤酒瓶，不禁怒斥道："你个臭小子，还喝上酒了！"

儿子却不以为然，借着酒劲儿边挥手边说："这有什么大不了的，你不是每天都在喝吗？"

孙先生一下怔住了，他想不到儿子居然会说出这种话，对老子居然还有意见！不由得火冒三丈，大喊："真是反了你了，竟然敢说你爸爸！"抬手就是一巴掌。

我们可以看出，这个爸爸完全一副"只许州官放火，不许百姓点灯"的架势，且不说孩子不能喝酒是合理的，单看父子俩交流本身，就可以看出平日里父亲是权威式的角色，说一不二，是做决定的人；儿子则有点"逆来顺受"，凡事都要听从父亲的，所以也就有了那种逆反的举动和话语。

很多时候，当孩子指出父母的错误时，我们首先应该欣慰地认识到孩子有自己的认知和辨别能力，他们的心智成熟了。继而，虚心地听取孩子的意见和批评，承认自己的错误，这才能继续成为孩子的榜样。

把孩子培养成最忠诚的粉丝

陌习点评 ▶▶

　　经常听一些家长叹气："孩子真是难管，打也打了，骂也骂了，可是怎么管都管不好。你说他一句，他有十句等你。"当孩子出现这种情况时，你是简单粗糙的棍棒教育，或是河东狮吼的咆哮式教育，还是谆谆教诲和风细雨般的教育。不管你选择哪种教育方式，你认为这种方法适合你的孩子吗？当你要求你的孩子做什么事时，你问问自己你能做到吗？你是个好父母吗？我们不期望父母都是科学家，但至少你有能力给你的孩子留下深刻的印象，有没有什么技能或做什么事让你的孩子钦佩你？

教法随想 ▶▶

　　1.确定目标

　　一个事件的重要性决定了你的决心有多大。你真的想给你的孩子一个良好的成长环境吗？如果是这样，现在开始还不算太晚。当我怀孕的时候，我开始学习如何抚养孩子，突然意识到我有很多事情要做，有很多东西要学。如果把教育孩子当作你当下的目标，你就会有动力和决心来学习以达到期望。

2.量体裁衣

每个孩子都是独立的个体，都有自己的性格。他有自己的敏感时期，而且在不同的年龄段形成自己的特点，是不固定的。一个胆小的孩子，你要教他勇敢，而一个胆大的孩子，你要教他谨慎。尊重孩子的性格，你会发现他有很多优秀的品质。

事例解读 ▶▶

有一位非常严厉的妈妈，由于工作太忙，所以在管教孩子上简单粗暴，这导致孩子在她怀里时，还是会不停地叫"爸爸抱，爸爸抱"。孩子的呼喊就像一记耳光一样，打在这位妈妈脸上，她知道，作为妈妈实在是太失败了。

这位妈妈也是很善于反省的，等孩子稍微长大一些之后，她开始通过各种书籍、杂志，试着学习如何成为一位合格的妈妈。随着深入的学习，她开始发现当妈妈这件事有很多的门道儿，并不是生了小孩就是合格的妈妈了。偶然间，她看到了这样一句话："要想做一个孩子喜欢的妈妈，你必须要让孩子崇拜你，你必须要有一项拿得出手的优势或者长处。这样，孩子才会亲近你，才会佩服你，从而以你为榜样，不断向你靠近……"

从这之后，这位妈妈开始了自我修炼过程：她开始陪孩子一起做手工、按照食谱给孩子做很多美味又好看的美食、为孩子读很多故事书……

渐渐地，这位妈妈开始变成孩子心中的"超人""巨星"，孩子无论是外出还是在家里，都缠着妈妈，还多次和其他的小朋友炫耀她的妈妈是"百变女王"，是自己的偶像。

你看，做一个合格的妈妈并没有那么难，当然，这当中的过程也不那么简单，家长要在孩子面前学会弯腰，为孩子去学习他们感兴趣的一切，在不久的将来，你也将从他们身上得到不曾想到的一切。

第35招
勇于向孩子认错并道歉

陌习点评 ▶▶

　　一个人做了错事，伤害了别人，应该向别人道歉。父母也应该为他们的错误向孩子道歉。然而，在现实生活中，很少有父母会向孩子道歉。一方面，一些家长受传统思想影响，他们认为自己是孩子的衣食父母，把孩子当成自己的私有财产；另一方面，许多父母认为向孩子道歉是纵容，会损害父母的权威和尊严。

教法随想 ▶▶

　　向孩子道歉，不仅不会丢面子，还会因为道歉让孩子更加信任你；这不仅不会侵犯你作为父母的权威，还会增加你的权威。

　　当他们遇到问题时，他们会主动承认自己的错误，从而纠正自己的言行。

　　有些事情，一旦确定对与错，我们就应该有勇气去面对，只有面对错误才会有进步。

　　父母可以及时向孩子承认错误并道歉，这是勇敢的表现，是孩子成长和学习的第一步。

向孩子道歉不仅是对孩子的一种尊重，也是对自己教育方式的一种尊重。认识到自己的错误并及时道歉的父母是明智的。

事例解读 ▶▶

小雨家的姐姐是家里的"小霸王"，什么事情都要争第一。一天晚上，姐姐和弟弟正在一起玩，不一会儿，就听见弟弟"哇哇"地大哭起来。原来，弟弟去抢姐姐手里的毛绒玩具，可"小霸王"姐姐并不打算让弟弟玩，于是弟弟只能用大哭来抗议。

小雨走过来，看到弟弟哭了，便说："姐姐，干嘛不跟弟弟好好玩呢，不要抢他的东西！"

姐姐一副不依不饶的样子，回答说："我没有抢他的玩具，是他抢我的！"小雨仔细一看，发现是因为自己只把姐姐的玩具拿出来，而忘记把弟弟的玩具拿出来了。意识到错怪了姐姐，小雨马上说："姐姐，对不起，是妈妈错怪你了，我忘记给弟弟拿玩具了，你能原谅妈妈吗？"

姐姐听到妈妈这么说，气鼓鼓的小脸马上平和了许多，她奶声奶气地说："没关系的妈妈，谁都会忘记一些事情呀！"

小雨见姐姐这么大度，不由得有些不好意思了，反观自己不分青红皂白地斥责姐姐，心里也很不舒服。但同时她也发现，主动向孩子道歉并没有什么不妥，而孩子也不会因为刚才被斥责而"怀恨在心"。

有些家长担心向孩子认错、道歉会丢面子，不再有权威，但殊不知，这会在很大程度上促进亲子间的关系，让彼此都更舒服。

每个父母都会在教育孩子的过程中犯一些错误，只要我们有足够的勇气向我们的孩子道歉，他们会觉得被尊重，就会用同样的态度对待他们的父母和其他人。因此，真诚地改正我们的错误，会使孩子们更加敬佩我们。

第36招

有空多陪陪孩子

陋习点评 ▶▶

孩子学习不好、成绩上不去，很多家长认为问题出在孩子身上，可这些真的只是孩子的责任吗？

许多父母认为生活在农村的独生子女是留守儿童。事实上，城市中也有大量的"留守儿童"。城市中的父母多数要上班工作，只有晚上他们才能聚在一起，而这个时间还要除去吃饭和睡觉的时间，所以真正可以与孩子相处的时间，少之又少，因而，缺乏陪伴，父母与孩子之间缺乏沟通，才是导致孩子出现学习以及生活等各种问题的罪魁祸首。

教法随想 ▶▶

谈及陪伴孩子，很多家长都怨声连连：每天工作都忙不过来，回到家已经是筋疲力尽，哪里还有时间去陪孩子玩呢？这话诚然不假，不过陪伴孩子，并不意味着家长专门拿出大量的时间。

夏季，可以在晚饭后与孩子互动，放风筝也好，陪孩子一起做手工、画画、搭积木也罢，都是亲子互动的时间。或者可以与孩子一起观看某部动画片，看完之后试着让孩子谈谈观后感，借着一个载体，父母与孩子会更有话说，也能够从与孩子的沟通中更深入、全面地了解他们。

周末的时候，自然是与孩子开"大聚会"的好机会，一家人可以选择户外野餐，带着风筝、鱼竿等，可以让孩子参与的物品都带着，但未必全部都能派上用场，不过这会让孩子感受到一家人聚在一起，能够做的事情很多。另外，也可以偶尔邀请孩子的朋友到家里玩，并记住孩子朋友的名字，这也能让孩子觉得自己是被重视的。

要是赶上出差，可以选择固定的时间给孩子打电话或者视频聊天。出差回来时，要给孩子准备礼物，礼物不用太复杂，但足以证明你记挂着他。

事例解读 ▶▶

同事小林的儿子第一次上幼儿园时，他正要去上班，孩子的爷爷奶奶帮忙带孩子，开学第一天，孩子哭着给小林打电话："爸爸，其他小朋友都是由爸爸和妈妈一起送去学校的，你和妈妈什么时候能一起送我一次啊？"小林听后鼻子一酸，也很无奈，只能哄他说："爸爸出去给你赚钱，回来给你买玩具。"儿子却没有因为听到这话而止住哭声，反而哭得更厉害了："我不要玩具，我要你回家。"

孩子的话触动着小林的心弦，他觉得自己不是一个好父亲。小林是一个十分顾家的人，希望和家人一起生活，考虑到这一点，他换了一份时间相对自由的工作，但赚的钱没有之前那么多，可却多了与家人在一起的时间。

现在的他，常常会在朋友圈晒出与他的儿子一起看电影、吃爆米花的照片，照片上的小家伙也是喜笑颜开。每到假期，他还会带着儿子一起打羽毛球、打篮球、踢足球。而且，换了工作的他，心情比之前也更好了，工作上也有了很大的提升，并不必以牺牲赚钱作为陪孩子的代价。

孩子需要陪伴，这是每个家长都心知肚明的，可受制于现实，很多人却无法做到这一点。在两难之时，我们只要做到心与孩子连在一起，就足够了。

第 37 招
敢于和孩子推心置腹

陋习点评 ▶▶

现在的父母几乎都打着和孩子是朋友的旗号，探索孩子的内心，而父母一旦做什么决定却不和孩子商量，这会让孩子感觉不到被尊重。

教法随想 ▶▶

根据孩子的情况选择交流的话题，在我们的日常生活中到处都可以发现交流的话题，除了学习之外，和孩子谈论新闻、娱乐、爱好等等，还可以和孩子谈论工作和生活，这会让孩子获得成就感，更能理解父母和了解生活，从而增强责任感。

最后就是在孩子面前不要总是摆出父母的架子，不要以为表现出严格的态度就能压制孩子，其实这只能把孩子越推越远，造成隔阂。父母需要付出很多努力才能与孩子重新建立良好的沟通。

事例解读 ▶▶

有一位妈妈向她的同事抱怨，自己上初中二年级的儿子与自己有很深的隔阁，每天几乎都只有三句话，"好的""明白了""别说了"。除此之外，不愿意多说一个字。每天放学回家就关上房门，做作业、玩电脑。偶尔，妈妈也想尝试着与儿子沟通，在吃饭的时候询问他的学习情况，可儿子却说："吃饭也不让人好好吃，不吃了！"说完，把碗往旁边一推，就进屋了。可是，儿子却能愉快地与同学在电话里聊上很久很久，她不知与儿子如何沟通。

也许，这位妈妈的苦恼也是很多家长所共有的。造成孩子不愿与家长沟通的根本原因，也许并不完全是青春期的叛逆，归根结底，排除某些先天原因，在孩子小的时候，父母是否尝试真诚地向孩子敞开心扉过？就像上文所说的，父母要有意识地与孩子推心置腹，让孩子真正把你当成"同龄人"。不管父母采用什么办法，最终的结果都是为了与孩子保持友善、和谐的关系。因而，哪怕所采用的是"善意谎言"式的真诚，也是无可厚非的。

当然，随着孩子年龄的增长，家长要改变这种方式，代之以真正的真诚，也就是说，要真的与孩子分享自己的心事，真的把孩子不全当孩子看。这样一来，等孩子长大了，就算再离经叛道，也许与父母之间的关系也不会太生疏。

第38招

在教育中加入幽默元素

陋习点评 ▶▶

俗话说："严父出孝子，严师出高徒。"从古至今，严格似乎一直被认为是最高、最有效的教育标准，所以直到现在还有很多父母都遵循这条老路。但现实总是比理想骨感，孩子似乎并没有因为父母的严格变得听话，还因此产生一个拒绝甚至反抗的现象。

事实上，孩子拒绝服从与他们是否理解无关，而是你触碰了孩子的自尊极限，让他们很不舒服，所以他们才会反抗。

教法随想 ▶▶

聪明的家长会把幽默带入家庭中，幽默带给他人的喜悦是由内而外的，全方位的，它能有效地缓解尴尬、舒缓紧张情绪，更能增进双方的关系。幽默还可以使孩子变得更开朗。

幽默不油滑，更不低俗，家长要跟上时代的步伐，学会幽默。比如孩子不小心摔了一跤，你可以马上来一句："马失前蹄喽！"相信孩子一听，肯定也会一脸笑容，原本有点疼的感觉也会被冲淡。

在家庭环境中营造幽默的氛围，更能刺激孩子大脑的快速运转，因为幽默是非常高级的，若没有细心的观察和触类旁通，是断然无法变得幽默的。孩子在这样的空间中成长，也会逐渐变得聪明、开朗起来，或许会在父母下一次吵架时，"蹭"地窜几句金句，幽默地化解父母之间的僵局。而有幽默感的孩子，在学校也会收获更多的友情，与同学的相处也会更加融洽。

事例解读 ▶▶

7岁的淘淘人如其名，是一个非常淘气的孩子，而且还是一个小女孩，她热衷于武侠。什么武林秘籍、独门暗器如数家珍，要是有人和她讨论武侠，她可以滔滔不绝地说上半天。不过，淘淘的妈妈忧心忡忡，毕竟是个小女孩，不喜欢女孩类的玩具，却唯独喜欢那些打打杀杀的东西，性格也像个男孩子一样。

一次，妈妈带着她逛超市，淘淘的眼睛四处搜寻着，就像是武侠小说里掉进山洞的某某人士一样，想找到自己想要的东西。突然，她指着一把塑料大刀喊道："妈妈，我要那个，我要那个，是屠龙刀！我终于找到它了！"妈妈虽然不想买，但也拗不过她，只能如她所愿。

过了几天，在看电视的时候，淘淘问妈妈："妈妈，现在屠龙刀有了，什么时候能去买倚天剑呢？"

妈妈一听，感到又好气又好笑，但转身一想，说道："女儿，你知道吗，这段时间'国库空虚'，你在兵器方面的开销太大了，而且如今社会安定繁荣，不需要武器傍身，所以还是要节省一些，留作以后必要的时候再说吧。或许，那时候买的就不只有倚天剑，还有方天画戟呢！"

妈妈对淘淘的喜好了如指掌，也知道女儿醉心武侠，所以故意"拿腔拿调"，半古不今地学着武侠电视剧里的方式和女儿交流。

淘淘听完妈妈的话，不由得哈哈大笑起来，她觉得这太有意思了，感觉自己身临其境，像是在古代一般。从此之后，她也的确没有闹着要买倚天剑，说不定真的是在等着机会买方天画戟呢!

　　妈妈以幽默的方式巧妙地化解了原本可能会上演的一出常规的家庭大战,由此可见幽默的魅力之大。所以,父母要懂得伺机而动,找对方式才行。

用肢体语言和孩子交流

陋习点评 ▶▶

　　说到教育，我们更多地认为，不停地说，才能让孩子加深印象，说得多了、说得久了，孩子也就自然能听进去了。但我们也明白，一味地说教有时候并不能收到最好的效果。适当地用肢体语言与孩子交流，往往会更具说服力。

　　另外，我们在判断孩子的某种行为时，只凭借孩子怎么说，是难以知道真相的。不过他们下意识的动作，却可以直观且真实地把事情的真相呈现出来。因此，一味地靠说教并不是最佳与孩子沟通的方式。

教法随想 ▶▶

　　乔·纳瓦罗说："一个人在沟通中的每一个动作（或是静止状态）都代表着某些含义。而对于孩子来说，尤其是年龄小的孩子，他们的语言系统还不完善，所以更多的时候会用肢体动作来表达诉求。"因此，家长要学会读懂孩子的肢体语言。

　　等孩子慢慢长大一些，语言系统慢慢完善，也许他们更习惯用语言而非肢体动作来表达想法了。此时，家长不应忘记肢体语言的重要性，因为它或许比纯粹的语言更加真实。而且，用肢体语言回应孩子，会更大程度上让孩子与父母建立信任感和亲密感。

日常生活中，我们在与孩子交流时可以多采用如下方法：多与孩子进行眼神交流。眼睛是心灵的窗户，缺乏眼神交流的交流并不完整，过程也将变得不愉快和困难；要注意及时点头。在正确的时间点点头，是一个非常有说服力的行为，点头的频率可以表明家长在认真倾听，也可以侧面证明父母的耐心，切忌双臂交叉放在胸前。如果你在谈话时双臂交叉放在胸前，就好像在你和孩子之间砌了一道屏障，把他挡在另一边，下意识地与他保持距离。在这种情况下，又怎么做到平等和谐地沟通呢？因此，要避免在沟通过程中出现类似的行为。恰当的时候，给予孩子正确的抚摸或拥抱动作，往往会比十句话更有效果。

事例解读 ▶▶

暑假时，王姐的儿子不小心把桌子上的一个玻璃杯打碎了，他很害怕被妈妈骂，就撒谎说不是他打碎的。王姐从厨房走到客厅，看着一地的玻璃碎片，先让儿子站在安全的地方，然后看了看他涨红的小脸，心里已经有了答案。

王姐看着儿子笑了笑，慢慢地蹲在儿子面前，用手抚摸着他的头，满眼温柔地看着目光闪烁的儿子说："小宝，玻璃杯打碎了就不要了，我们可以再买一个新的，不过，可千万不能做一个撒谎的孩子啊。"

儿子见被识破了，却仍然矢口否认，坚持说不是他摔碎的，但他的声音明显变小了。

王姐知道儿子的心理防备慢慢卸下了，又拍了拍他的肩膀，用手抚摸着儿子的小脸，满脸笑容地继续说："小宝，妈妈很相信你说的话，希望小宝做一个诚实、勇敢的孩子。"说完，给了儿子一个坚定的眼神，还一把抱住儿子。

"妈妈，对不起，我错了……"小宝承认了错误。

可以看出，王姐在询问儿子的过程中，展示出非常到位的肢体语言，里面饱含着妈妈对儿子的爱。

我们提倡使用肢体语言，但并不代表只用动作而不说话，毕竟谁也不是读心专家，通过别人的动作就能判断出他人的意图，更何况我们面对的是孩子。我们只要在平日里与孩子沟通时，恰当地使用肢体语言，这样更容易与孩子深度交流，并拉近彼此的关系。

第40招

给予孩子足够的爱和鼓励

陋习点评 ▶▶

"妈妈很累，你自己弄吧。""没看到爸爸正忙着呢吗？找你妈去！"许多家长在真忙，或者瞎忙的时候，都会用这样的话来拒绝孩子的求助。孩子需要你的时候，是想亲近你，有时未必真的需要你帮他们做什么，而是要你陪着他们一起做，他们就会非常开心。

我们都说要给孩子最好的爱和鼓励，可往往在下班回家时，只愿意倒在沙发上刷朋友圈、刷视频，孩子走过来让你帮忙时，你的懒惰早已战胜了一切。这是很多家长的常态，却还不以为然，因为他们在拒绝了孩子之后，并没有发现孩子有什么不高兴。

教法随想 ▶▶

父母把对孩子的爱更多地具象化为物质，直白点说便是金钱，总白以为给予孩子更多、更好的物质生活，就代表了对孩子的爱，物质越丰富，给予的爱就越多。在为孩子营造更好的环境层面来说，努力从物质上做出改善是没错，但若只把物质当成是爱的载体，就大错特错了。那么，怎么让孩子体会到父母的爱与鼓励呢？

第一，不要着急。对孩子的变化感到恐慌会影响孩子的情绪，使他们更加没有安全感。父母要做的第一件事就是保持冷静，让孩子觉得他们仍然可以完全依赖父母。当你的孩子渴望成为一个小宝宝时，不要感到不耐烦或责骂他。要多一些耐心和宽容。

第二，减轻压力。如果孩子担心自己在家庭中的地位被其他孩子取代（比如二胎家庭），父母应该避免对他说："你是个大孩子。"以此来强迫他长大。不妨不要把他当成一个大孩子来看待，可以回忆起和孩子在一起的事情，让孩子明白，他不会失去所有人的爱。

第三，长大了真好。一旦孩子们意识到成长的好处，他们就不怕长大。例如，你可以试着比较一个婴儿和一个小朋友的区别：婴儿只能躺在婴儿床上，不能出来玩；婴儿不能吃麦当劳；婴儿不能看电视。大一点的孩子可以选择自己的衣服；可以和爸爸妈妈一起去商场买喜欢的玩具；可以看卡通片等等。

事例解读 ▶▶

我班上有个小男孩是个有名的淘气蛋，爱打架，经常欺负其他小朋友，这让我很头疼。从他妈妈那里我知道他父亲常年在外地工作，妈妈又很忙，平时没有多少时间管孩子，浩浩变得越发顽皮，妈妈管教儿子只是盲目地训斥和打骂，但收效甚微，浩浩不仅未能摆脱坏习惯，更甚至只要妈妈打骂他，他一定会打其他孩子。而对于这样一个孩子，我认为要让孩子感受到爱，感受到被尊重。

要用爱温暖孩子的心。通过观察，我发现浩浩特别喜欢恐龙。当谈到恐龙时，他马上开始谈论。所以在一次讨论"地球上的生命"的活动中，我要他做一天小老师，给其他孩子讲恐龙的故事。我还记得他当时的表情：他不可置信地看着我，好像在问："这是真的吗？"我向他点点头，表示这是真的。浩浩便开始认真地和其他小朋友说他所知道的恐龙知识。这天浩浩很开心，还主动帮我拾起地上的手帕。这让我对他有了新的认识，对他有了信心，毕竟每个人都有自尊，都要面子。所以我更关注浩浩，只要他有一点进步我就会给予肯定和鼓励，我相信他会变得越来越好。

第五章　提高孩子的情商

第41招

让孩子学会调节情绪

陋习点评 ▶▶

每个人都有情绪，恐惧、愤怒、开心……孩子也是一样的，他们的情绪更加多样，也更容易表露于外，稍有不如意不是马上"刮风"便是"下雨"。如果当孩子愤怒时，作为家长应该如何安抚呢？

孩子并不知道愤怒只是一种情绪，他们在遭遇某事时，有可能只是觉得心里堵得难受，想哭出来发泄，或者通过别的方式和渠道发泄愤怒情绪。这种"不知道发生了什么"的感觉是可怕的。如果在这个时候，父母只说，"有什么好哭的"甚至更严重的"再哭就不喜欢你了，不要你了"这类的话，会给孩子带来伤害。

教法随想 ▶▶

在孩子无法自我管理情绪的时候，家长要化身为"情绪控制仪"，帮助孩子来管控情绪。

1.杜绝不良的发泄情绪方式

大吼大叫，是孩子惯用的发泄情绪的方式，他们会觉得直接、有效。此时，我们不妨让孩子单独处在一个空间，自我冷静一下，这对于缓和愤怒情绪很有帮助。

2.恰当的关爱

婴儿会通过父母的安慰变得情绪稳定，大一些的孩子则需要父母给予更多的关怀，而非放任自流。一旦烦躁，父母要及时与之沟通，查找症结，对症下药。而关爱是永不过时的方式之一。

3.学会接受孩子的感受

家长应该"同情"孩子的感受，让他们明白自己可以有不好的情绪。这样，孩子在产生坏情绪的时候，也能正面接受，并慢慢转化这种坏情绪。

事例解读 ▶▶

有一个小男孩脾气很暴躁，一天，父亲把他叫到一面墙前，说："儿子，爸爸看到你脾气不好时，心里也很难受。从现在开始，一旦你有脾气不好的时候，就在墙上贴一张贴纸。"说着，把一沓贴纸递给儿子。

一周之后，这面墙上贴了很多纸，父亲指着墙上的纸说："儿子，你意识到自己的坏情绪了吗？如果从今天开始，你一天不发脾气，就可以撕下去一张贴纸。"

小男孩点点头答应了。开始的时候，他还是有忍不住要发脾气的时候，可随着时间的推移，他慢慢地可以控制住了。慢慢地，他真的做到了可以在一天之内不发脾气。一个月之后，墙上的贴纸都被撕掉了。

父亲再一次把小男孩叫到墙面前，对他说："儿子，现在你已经做得很好了，可以很好地控制自己的情绪，但是，你看看墙上那些撕掉贴纸的地方，还是会有痕迹存在，这证明你每次发脾气之后，即使过后道歉了，也还是会给别人带来伤害，这种伤害，就是痕迹。"

男孩感慨地对父亲点点头，从此之后再也不乱发脾气了。

父母的正确引导，对于控制孩子情绪十分重要。我们应该针对孩子的特点，找到恰当的方法。

第 42 招

让孩子拥抱自信

陋习点评 ▶▶

　　孩子的成绩不突出，性格内向，胆小懦弱，自尊心敏感，就给孩子贴上谦虚、乖巧等标签，这样没有任何效果。对于成绩一般的孩子来说，很难得到老师的表扬和赏识，在家里他们也得不到父母的表扬。在孩子心灵的土地上，没有欣赏的阳光，没有欣赏的雨露，怎能健康快乐地成长？

教法随想 ▶▶

　　多鼓励孩子。当孩子在做某件事的时候，他期望得到父母的鼓励，这可以让孩子有信心。为了不辜负父母的期望，孩子在做事时会更有动力。

　　相信孩子。不要总是担心孩子做得不好，要相信自己的孩子能做到，让孩子知道父母相信自己，父母的信任会给孩子带来很大的安全感。所以，放下那些安全的东西，让孩子自己去处理。

事例解读 ▶▶

　　"嗯，这次你做得不错，但不能骄傲，你要继续努力，争取下次做得更好。"

"你看，你又自负起来了。"

这是我小时候妈妈常对我说的话。二十多年后，我能把她的话一字不差地背出来。

也许从一年级开始，我的成绩就不是很好，在班级里只能被认为是高于平均水平。每次给妈妈看成绩单，如果考得好，表扬的话总是很少，妈妈担心我产生骄傲的心理，所以，她不断地用话语来督促我。

我骄傲吗？不。

对我来说，这不是骄傲，分数的升降是正常的，而妈妈总是对分数很敏感，总是固执地认为只要这次考试比上次差就是我骄傲的结果；只要考得比上次好，就是她督促的效果，这就是她的逻辑。

我有资格骄傲吗？不。

母亲不懂我的心思——我从来不骄傲！因为骄傲需要资本和好成绩。我的成绩平平，没有什么好可以炫耀的，我内向的性格中更多的是自卑的成分。

所以，父母对孩子的态度和评价，是影响孩子自信心最重要的因素。父母和孩子对成功或失败的归因方式，直接影响孩子自信心的建立和发展。

让孩子学会控制冲动

陌习点评 ▶▶

　　英国作家塞·约翰逊说："人最重要的价值在于克制自己的本能的冲动。"在成年人的世界里有一句话叫冲动是魔鬼。可见冲动对于成年人也不是一种合理的行为。在孩子的世界里也是一样的，冲动的孩子，自然会做出一些自己无法控制的行为举动，比如，在幼儿园与小朋友起冲突，动手打人等，这即是冲动的表现。每每发生这种情况时，家长会怎么做呢？不少家长会不分青红皂白，即便自己家的孩子是因冲动而主动挑衅的一方，也会对另一方的孩子或家长横加指责，认为自己家的孩子不会随便发怒。显然，这样会助长孩子的"嚣张气焰"。

教法随想 ▶▶

　　自幼控制。如果你不希望孩子长大后是个"点火就着"的易冲动的孩子，那么从小就要有意识地控制，在2~6岁这一阶段要主动引导，要及时叫停他们以大哭大闹的形式获得自己想要的东西的行为。

　　不对孩子大吼大叫。通常，细声细语地与孩子说话，远比大吼大叫更有效果。家长的大吼大叫，是建立在一次两次说不听，而后大吼一声，孩子就听话了的基础上的，可孩子是因为害怕才听话的，并没有意识到自己做错了什么。

分析原因。搞清楚孩子为什么会冲动，是为了引起家长的注意，还是不清楚自己要做什么。对症下药永远胜于盲目治疗，搞清楚原因，也就能帮孩子控制住冲动情绪了。

写日记。这一办法适合年纪稍大一些的孩子，可以让孩子通过记录的方式，描述产生冲动的原因、过程以及结果，让他自己清楚地知道危害，慢慢地，就达到了自我学习、自我控制的目的了。

事例解读 ▶▶

张明是一个脾气很不好的人，爱冲动，只要稍有不顺心的事就会大发雷霆，难以控制，总是要用东西出气。上课被老师批评了，会跟老师怄气；要是上课时搞小动作，玩什么东西被老师没收了，他会恶狠狠地说："小心的你的玻璃窗，说不上哪天我就去给砸烂！"要是同学扫地时不小心碰到他的脚，他也会随口骂人家，对方反抗，他就可能动手打人。在学校，他是人见人躲，如"病毒"一般的存在。

毋庸置疑，这个孩子是冲动易怒的，这不但对他本人毫无益处，也会给周围人带来伤害。对于这样的孩子，心理疏导是关键，要搞清楚他冲动易怒的原因，而后有针对性地制定解决方案。家长应给予适当的陪伴、开导、积极鼓励。

第44招

逼迫孩子迎着炮火冲锋

陌习点评 ▶▶

　　孩子之所以会遇到挫折就会灰心丧气、自暴自弃，根本原因还是教育的问题。很多妈妈认为孩子还小，不让他们做任何事，一切都是父母安排好的，孩子已经养成了"衣来伸手，饭来张口"的习惯。所以，每当遇到一点困难，孩子就会给妈妈打电话，或请爷爷奶奶帮忙，从小养成依赖、懒惰的思维。

教法随想 ▶▶

　　从自己做起，为孩子树立一个坚韧不拔、顽强拼搏的榜样。不要让孩子养成胆小懦弱的性格，让孩子拥有面对困难的勇气，帮助孩子建立自信。

　　培养孩子良好的意志力。良好的意志力是实现目标和成功的根本保证。因此，培养孩子良好的意志力是非常重要的。

　　鼓励孩子朝着正确的目标努力。每个孩子都有优点和缺点，父母应该用客观的评价和合理的期望来鼓励孩子为适当的目标而奋斗。

事例解读 ▶▶

　　小夏学东西总是比其他孩子慢，所以她的父母很生气。小夏上小学时，父母以为小夏不会有什么好成绩。一次，小夏拿回了一张满分的数学试卷，上面全是红勾。"这是你的试卷吗？"爸爸惊讶地问小夏。"当然是我的，上面有我的名字！"小夏骄傲地对爸爸说。"小夏真棒，告诉妈妈你是怎么做到的。"她的母亲问道。"有时我不明白老师讲的内容时，我会去问老师，然后做一些类似的题型，这样就考了100分。"小夏高兴地对妈妈说。听了小夏的话，妈妈的眼睛突然红了——虽然孩子并不聪明，但学习却那么努力。"小夏真是个努力学习的好孩子！"妈妈含着眼泪说。

　　当你赞扬孩子的勤奋而不是他的聪明时，你是在鼓励他继续寻求更多的挑战。这有助于孩子在出问题时不气馁。即使结果不是他所期望的，他也会明白他的努力是最宝贵的，是一件好事。勤奋不一定导致成功，但成功总是需要勤奋。

第 45 招

做事有计划，遇事不慌

陋习点评 ▶▶

有的孩子遇到问题就紧张，脑子一片空白，束手无策，不知道该怎么办；有些孩子平时学习很好，但一考试，就会很紧张，题目也答不上来，影响考试成绩；有的孩子心理素质很差，想说的话不敢说，想要的东西不敢要；有些孩子，一遇到问题就惊慌失措，只知道去找爸爸妈妈。这样的孩子往往在人生的关键时刻、重要时刻容易失败，从而影响自己的发展。

教法随想 ▶▶

在做重要的家庭决策时，我们应该充分尊重孩子的意见和建议，把他们当作独立的思考者，听取他们合理的想法或计划。

培养孩子的计划能力。作为父母，应充分了解孩子的情况，引导孩子有计划地做事，以便培养孩子养成良好的习惯。只有当孩子们知道自己的优势和劣势，因此根据实际情况设定目标，制定有效的计划时，他们才能更好地适应环境，迎接挑战。

事例解读 ▶▶

　　小欣是一名二年级的小学生，但小欣一遇到事情就惊慌失措不知道该怎么办。由于成绩好，小欣被选为班级代表参加数学竞赛。比赛前一天，老师给了小欣一张准考证，并告诉她一定要好好保管，否则进不去考场。

　　同学们看到小欣的准考证，都挤过来看。放学后同学们都回家了，小欣不知道准考证去哪里了，急得大哭起来。

　　爸爸来接小欣，小欣看见爸爸，冲到他怀里哭得更凶了。爸爸就问发生了什么事情，小欣把发生的事告诉爸爸。

　　爸爸听后说："孩子，你要做的第一件事就是想办法解决这件事。你可以先去你的书桌上看看，也许同学们看完之后把准考证放回你的书桌了。如果它不在桌子上，你可以看看讲台、看看窗台，想想同学们可能会把它放在哪里。如果你找不到，你应该向老师寻求帮助，或者向老师询问同学们的家庭电话号码并询问他们，也许你能找到它。"爸爸拉着她的手："来吧，你按照爸爸说的去看看，爸爸在外面等你。爸爸知道你是个大孩子了，像这样的事情没有爸爸的帮助是可以解决的。"

　　小欣在教室里找了一圈，没有找到，然后去了办公室找老师，解释了情况，老师帮她给同学们打了电话，有个同学不小心把准考证带回了家里，同学的爸爸帮忙把准考证送回学校，小欣也顺利地把事情解决了。

第 46 招

教会孩子辨别是非

陋习点评 ▶▶

在孩子形成自我意识之前，有一个重要的模仿阶段。在这个阶段，孩子学习掌握一种行为并通过重复将其内化成自己的能力，但是他们从周围的环境中学到了好的行为和坏的行为。他们的活动范围很小，他们接触的人不仅是他们的父母，还有老师和同学。他们的一些言语和行为，以及对事物的理解等等，都是他们模仿的内容。如果我们没有良好的对错意识和良好的行为，孩子们会从我们身上学到不好的行为。

教法随想 ▶▶

成年人应该有一个明确的态度。孩子有很多对与错的问题，成年人应该仔细观察，不要掉以轻心。当和孩子一起看电视时，孩子突然学会了一句脏话，家长应及时指出，表示这样说是不对的；当和孩子一起逛街，孩子想在公共场所解决生理问题时，家长应及时制止并帮助他立即找到厕所；当孩子提出不合理的要求时，父母一定要摇头拒绝。相反，正确的观点和行为要及时给予孩子肯定和微笑。

一步一步来，不要急于求成。让孩子养成良好的习惯，使他从父母的积极或消极的态度中，逐渐明白什么是对的，什么是错的。例如，孩子哭着要求父母满足他不合理的要求时，父母应不理他或阻止他。几次之后，孩子知道这样做是不对的。

事例解读 ▶▶

一节课上，老师说："几个孩子在一起玩，其中一个小朋友叫小刚，他看到小明欺负其他小朋友，小刚很生气，过去和小明打架，小刚做得对吗？"有的孩子说："对！"有的孩子说："不对！"老师问："为什么？"认为小刚做得对的孩子说："因为小明欺负其他小朋友。"认为小刚做得不对的孩子说："小刚应该跟他讲道理啊，可小刚却打了小明，这样是不对的。"老师说："小明欺负别人是错了，小刚去管是对的，但小刚打人也是不对的。"这样，孩子们从实际的比较中学习。父母也应该注意不要用空洞的说教来教育孩子。

第 47 招

教导孩子爱世界

陋习点评 ▶▶

孩子天生就有足够的毅力和勇气与困难做斗争，他们会用斗争来弥补自己的缺点。如果父母或其他人一再同情或帮助孩子太多，孩子往往会失去信心，停止尝试，这不利于孩子的成长。

教法随想 ▶▶

当涉及管教孩子时，要打起精神来。我们的孩子有很多理由生气，但当我们停下来不去回应他们的愤怒，向他们展示宽容。我们的孩子将从中学习，他们会看到我们如何停止生气，并考虑其他人的感受。

通过照顾宠物和照料绿植来表达同情心。即使是年幼的孩子也可以从照顾宠物和绿植中学到善良和关爱。

让你的孩子帮忙照顾家里的长辈。孩子可以满足老年人的某些需求，这让双方都感到被重视、被关心和被爱。

事例解读 ▶▶

莎莎11岁时在一次车祸中失去了一条腿。她从医院回来时，用一根拐杖帮助她走路。莎莎花了很多时间在医院的理疗科学习如何照顾自己，如何拄着拐杖走路。医生还特意嘱咐妈妈要多鼓励莎莎，不要为她做太多。但母亲为女儿难过，总想为女儿做点什么，从感情上弥补对女儿的缺失。她为女儿打理好一切，给她换衣服、洗澡、洗衣服、送饭，有时还给她梳头。妈妈做得越多，莎莎做得就越少，她对自己就越不自信。她开始整天待在房间里什么也不做。就这样，莎莎从一个总是面带微笑、充满阳光的孩子变成了一个脾气暴躁、叹息无助的孩子。

生病的孩子需要更多的精神支持，让他们知道有人关心他们，了解他们正在经历什么，但是战胜疾病的主要方法是依靠自己。疾病不能给他们任何理由卸下生活的重担，他们必须尽其所能。疾病很容易使人丧失信心，使人感到无能为力。在这种时候，父母不能用怜悯来打击孩子的勇气和毅力。正确的态度是关爱和帮助，用鼓励代替不必要的服务，让孩子尽快适应并回归正常生活。

第48招

别让孩子动不动就发火

一般而言，孩子会直接地展示自己的情绪。比如，情绪不好发火时，他们会大哭大闹、撒泼、摔东西，面对这样的情况，家长应该怎么处理呢？有的家长会"以暴制暴"，用音量与孩子对抗，试图压下孩子的怒火；有的家长采用"妥协"的方式，用物质来"收买"；也有的家长会采取"冷暴力"，不理会孩子。

上述三种方式显然都不是最恰当的：以暴制暴，孩子的火气可能更大；用物质安抚，只会助长他的气焰；冷暴力，虽然一时奏效，长此以往，孩子会觉得父母不重视他，继而会排斥与父母继续沟通。那么，怎样合理地控制孩子发火呢？

教法随想 ▶▶

认同。家长首先要正确看待孩子发脾气这件事，不能单纯地认为只要孩子发火，就是无理取闹。只有首先认同孩子发脾气这件事，才能正确地对待他们的行为。

让孩子暂时冷静。这一点不同于冷暴力，暂时冷静是让孩子获得一个单独的空间，不再继续哭闹或任性之后，再与孩子耐心沟通。而冷暴力仅仅是置之不理。

找出原因。凡事都有因有果，孩子通常不会无故发火，一定是有什么原因导致他情绪激动。家长要细心观察，找到症结之所在。

事例解读 ▶▶

在西藏有一个叫爱迪巴的人，每当他生气的时候，他就会在家绕着房子和土地跑3圈。后来，他的房子越来越大，土地越来越多。

直到有一天，他变老了，世界上所有的事情都不足以让他生气。他的孙子问他："阿公，你生气的时候，为什么要绕着房子和土地跑3圈？"

爱迪巴对孙子说："年轻的时候，当我想打架、争吵或生气的时候，我就会绕着房子和土地跑3圈。我想，我的房子这么小，土地也这么少，我怎么可能有时间和精力去生别人的气呢？当我想到这一点，我的愤怒就消失了。"

孙子说："阿公，你有钱了为什么还要绕着房子和土地跑？"

爱迪巴笑着说："当我跑步的时候，我想，我有这么大的房子和这么多的土地，为什么还要和别人生气呢？一想到这件事，我的怒气就消失了。"

第49招

把孩子独自留在所要面对的世界

陋习点评 ▶▶

父母非常溺爱孩子，吃饭怕烫着、走路怕撞到、出门怕遇到坏人，时时刻刻盯着孩子，这种保护像一个无形的网，让孩子不能正常呼吸，自由成长。以这种方式长大的孩子要么叛逆，要么脆弱。

教法随想 ▶▶

让自己的孩子参与家庭劳动，让他们自觉去做一些事情，这不仅可以提高孩子的动手能力，还可以使孩子的课余生活变得丰富，他们会在劳动中成长。

我们不能影响孩子的思维，事后可以给予指导，但也要注意方法。

人最大的敌人往往是自己，所以自信的重要性不言而喻。父母应该在孩子的日常生活和学习中，适当地给予鼓励。

事例解读 ▶▶

一个来自德国的年轻人对中国非常感兴趣，因为他的父亲经常提起中国，所以他来中国学习中国的历史和文化。这个年轻人非常感激他父亲的教育，他也想让他的孩子们多了解中国，所以，他每个月都带孩子们去爬山。

在爬山的路上，经常可以看到中国的父母带孩子爬山，但是他们的方法是不一样的，中国的父母会拉着孩子，或者把孩子抱在怀里，而德国年轻人和他6岁的儿子，4岁的女儿去爬山，他总是走在前面，速度很快，喜欢和孩子比赛。孩子们爬得没有他那么快，因此落在他后面很远。

你可能会担心：如果孩子从山上掉下去怎么办？如果孩子受伤了怎么办？世上所有的母亲都是一样的，这位德国年轻人的妻子也为这些事担忧。

所以爬山的时候，为了保护孩子，妻子就在后面走得很慢，但年轻人不同意，与妻子谈过几次，告诉妻子："如果你要这样保护孩子，会泯灭孩子的好奇心的。"

经过年轻人的坚持，妻子终于同意了年轻人的做法，虽然她走在前面，但还会时不时地往后面看。

事实上，这个年轻人在爬山时也会偷偷回头看看孩子们，但尽量不让他们发现。

年轻人这样做是为了让孩子独立、坚强，学会自己面对外面的世界。

第50招

帮助孩子甄别语言的"真假"

陋习点评 ▶▶

我们教孩子们服从的传统。在家里，我们教孩子们听父母和祖父母的话，不要淘气或惹麻烦。当孩子们在学校的时候，我们会教他们听老师的话，认真听老师讲课，努力学习。只要孩子们听话，我们就放心了，不是吗？

我不知道这是不是错的，但谁知道老师说的，父母说的，长辈说的是不是对的呢？如果有人说我说的一定是真的，那就意味着我是真理的化身，谁能保证呢？

教法随想 ▶▶

专注。训练你的孩子耐心地听别人说话。要求孩子在整个谈话过程中都集中注意力。一是注意对方在说什么，这可以帮助孩子理解对方在说什么，及时做出正确的判断，做出适当的反应。因为人们在听的时候比在说的时候思考得更快，所以完全有可能在这段时间里去思考和判断别人在说什么；二是注意对方的面部表情，眼睛和姿势，这可以帮助孩子推断出对方的感受和态度，然后做出决定。

不要中途打断别人。要保持冷静，带着学习的心态，静静地听对方把话说完，如果你忍不住，在你打断别人之前，在心里重复几次你想说的话，提醒自己不要打断别人。

学会提问。告诉孩子问问题需要注意两点：一是问问题不要涉及对方的隐私和敏感话题。其次，最好是问一些开放的问题，这样对方就可以自由地发言，而不是简单地回答"是"或"不是"。

事例解读 ▶▶

前几天孩子突然问我："妈妈，人的体温到了40℃就会死，对吗？"我立刻想到我的儿子有多少次发烧超过40℃，所以我说："不！"然后我问他，谁告诉你的？他说这是爷爷说的。我想：爷爷是根据什么样的情况来判断的呢？孩子开始喃喃自语："爷爷说、妈妈说、奶奶说，该听谁的话呢？"我说："爷爷和妈妈说的不一样，你就不知道该听谁的话了吗？"然后他说："是的。我要去问爸爸。爸爸肯定知道！"

当孩子这么想时，我很高兴。首先，孩子认识到父亲的力量。其次，当遇到问题时，他可以选择向不同的人请教。我认为孩子应该有这样的想法。其实，在这个时候，我还可以用其他的方法，比如在网上查资料什么的。可是，解释知识不是我的强项。其次，孩子的父亲总是远离孩子，所以我想让孩子和父亲多相处一些，孩子的父亲应该能够更准确地给孩子答案。

第六章　让孩子养成独立人格

第51招
让孩子用奉献精神完善人格

陋习点评 ▶▶

　　在生活中，一些父母给孩子买了很昂贵的玩具，告诉孩子不要给别人玩。一些父母甚至为他们的孩子"拥有"一些东西而自豪，认为他们是优于同龄人的。毫无疑问，这样的想法和举动，会让孩子形成自私自利、不愿与人分享、没有奉献精神的性格习惯，日后走向社会，也必然会因此吃亏。培养孩子的奉献精神，是完善其人格的重要一步。

教法随想 ▶▶

　　第一，多让孩子接触社会，了解社会。由此，孩子能够清楚地看到人们之间的生活差距，了解到那些需要帮助的人，需要别人支持的人。同时，父母要给孩子提供与之相关的电视新闻、书籍、报纸等，如果有机会，还可以带孩子去一些比较贫困的地区，让孩子懂得如何奉献自己的爱心，并懂得珍惜来之不易的生活。

　　第二，有机会让孩子参与公益活动。若条件允许，家长可以组织一些公益活动，用自己的实际行动来教育孩子。比如，父母利用自己的休息日或者假期，和孩子一起打扫公共场所，在公共场所捡拾垃圾，或者和孩子一同捐赠多余的衣服。

事例解读 ▶▶

薛云是一名小学教师，她描述过这样一个场景：她的班上每个星期都会进行"活雷锋"评选活动，被评上的会发放奖励。等到六一时候，会再选出大家心目中真正的"活雷锋"，并颁发奖状。这样一来，只要发现地上有垃圾，所有的孩子都会争先恐后去捡，要是某个孩子吐了，大家也会争着去弄一些沙子来，但是，每次都是她亲自把呕吐物扫到垃圾箱里，其实她知道，孩子们怕脏，所以她必须身体力行，为他们做出榜样。

很快，孩子们看着宛若自己妈妈一样的薛老师不怕脏、不怕累地收拾这些又脏又令人作呕的东西后，也开始抢着去打扫。在这个过程中，孩子们似乎都开始有了奉献精神，大家都争当"活雷锋"呢！

第52招

给予孩子理解和信任

陋习点评 ▶▶

孩子的天性决定了他们必然是自由、散漫、无拘无束的，可这种天性在一些父母眼中，成了不听话、叛逆的代名词。孩子每每想表达自己的观点，或者有某种举动时，父母只会给予否定，缺乏理解和信任。这样一来，会导致孩子对父母的排斥，对孩子的身心发育也极其有害。

教法随想 ▶▶

与成年人一样，不管孩子做什么事，也一定都有他们的原因，家长不应该在孩子做错事时以怒吼和呵斥回应，要给予一定的理解，了解孩子的想法，也许你就明白孩子为什么会那么做。

信任与理解是共存的，信任是理解的前提，想要理解你的孩子，首先要做到的是信任。家长时常会陷入这样的怪圈而无法自拔：一年级时学习成绩不好，将来肯定考不上好的初中，也就无法考上好高中、好大学，考不上好的大学，以后哪能找到好工作呢？找不到好工作……他们会持续地以不信任为前提继续想下去。

孩子是一个宝藏，还没有开采便放弃，全依赖凭空想象去决定孩子的未来，而后反推到眼前，以不确定的未来面对眼前的孩子，这样的举动和想法，如何能培养出优秀的孩子呢？因此，父母要抛掉自己的执念，信任、理解并支持孩子，孩子才能给你一个大大的惊喜。

事例解读 ▶▶

有这样一个经典案例：一位妈妈参加家长会，幼儿园的老师告诉她说："你儿子有多动症，在椅子上连3分钟都坐不住，希望你带他去看看医生。"

在回家的路上，儿子好奇地问妈妈家长会上老师说了什么，妈妈心里很难受，毕竟全班30个小朋友，只有自己的儿子表现最差，老师也是一副不屑的神情。但她是这样回答儿子的："老师表扬了你，原本你在椅子上都坐不了1分钟，现在可以坐3分钟了。别的小朋友的家长很羡慕妈妈，因为全班只有你进步了。"当晚，儿子居然吃了两碗米饭。

儿子上了小学，在家长会上，老师对这位妈妈说："这次数学考试，全班50名学生，您儿子排在第40名，我们怀疑他智力上有些障碍，希望您能带他去医院检查一下。"

回家的路上，她禁不住流下眼泪。然而，当她回到家却对儿子说："老师对你充满信心，老师说你不是笨孩子，只要再细心些，会超过你的同桌，这次你的同桌排在第21名。"

说这话时，她发现儿子黯淡的眼神一下子充满了亮光，沮丧的脸也一下子舒展开来。她甚至发现，儿子温顺得让她吃惊，好像长大了许多。第二天上学时，起得比平时都要早。

初中时的家长会，妈妈坐在儿子的座位上，等着被老师点名，因为每次家长会，儿子都在差生的行列。可这次一直到最后都没被点到，她有些差异。家长会结束后，她去询问老师情况，老师告诉她："以您儿子现在的成绩，考重点高中有点危险。"妈妈听后，有点忧心忡忡。一出校门，看到儿子在等她，她急忙告诉儿子："班主任对你非常满意，她说，只要你再努努力，肯定能考上重点高中。"

高中毕业了，第一批大学录取通知书下来时，学校打电话让她儿子去一趟学校。妈妈有一种预感，儿子肯定肯定被清华大学录取了，因为在报考时，她给儿子说过，她相信他能考取这所大学。她儿子从学校回来，把一封印有清华大学招生办公室的特快专递交到她的手里，然后转身跑到自己的房间里大哭起来。边哭边说："妈妈，我知道我不是个聪明的孩子，可是，这个世界上只有你相信我……"

这时她悲喜交加，再也按捺不住十几年来凝聚在心中的泪水，任它打湿手中的信封上。

听完这个故事，我很敬佩这位母亲，为她儿子付出的爱，但我更敬佩她教子的方法，对孩子的理解和信心，以及给孩子的自信。这是赏识的力量，这是暗示的力量。妈妈善意的谎言，正确的引领，让孩子一步步走向成功。

第53招

鼓励孩子表达自己的看法

陋习点评 ▶▶

　　许多父母认为孩子的意见不重要，常常忽视孩子的意见。当孩子们表达与自己不同的观点时，很多父母甚至会对他们大喊大叫。原因是父母习惯性地认为孩子什么都不懂，他们的话只是小孩子的胡闹，没有什么价值。因此，很多孩子不敢在父母面前表达他们的真实想法和要求。如果孩子长时间生活在这样一个充满压力的家庭环境中，他们会变得沉默，缺乏独立思考能力。

教法随想 ▶▶

　　孩子们学会表达自己是很重要的。因为只有这样，孩子们才能充分提高自我表达能力。在表达想法的过程中，孩子的思维会更加清晰。相反，如果环境抑制了孩子的表达欲望，那么孩子的身心健康就会受到严重的阻碍，从而导致孩子的性格发育不完善。

　　表扬和欣赏孩子的每一点进步，让孩子帮助自己做一些事情，然后给予鼓励和肯定。为孩子们创造一个轻松的环境，让他们自由地表达自己的观点，这样他们才能建立信心。

事例解读 ▶▶

朋友的小儿子今年刚上小学，那段日子刚开学，孩子有点不适应老师的节奏，天天喊不上学。起初，朋友认为她的孩子很懒，不想学习。有一次，我听到她和孩子的对话。

那天下午放学回来，朋友问小儿子："今天的作业是什么啊？"

"妈妈，今天的语文作业要求我们想一个话题，写自己的对话。"

"这样啊，好像很有意思哦，那你先去写，不知道怎么写再问妈妈，好吗？"

小男孩伤心地说："老师还让我明天在课堂上念给大家听，真讨厌，不喜欢这个老师。"

朋友连忙说："老师就是觉得你会做得很好，所以让你去跟大家分享，所以，我们要好好准备。"

父母的比较也会给脆弱的孩子带来巨大的伤害。那些因为与外界比较而感到沉重的孩子，或者突然觉得自己比同龄人差很多的孩子，一旦他们听到父母对他们的认可，就会立即恢复自信和精力。与其把自己的孩子和别人的孩子作比较，不如让孩子接受他们现有的形象和特征，使自己成为坚强的人。

让孩子全面地认识自我

陋习点评 ▶▶

中国父母喜欢给孩子说教。孩子们没有学会自我反省，害怕父母的权威，暂时听父母的话，但这只是表面的服从。孩子们听父母的话，按照他们的安排做事，但当他们遇到新的问题，他们也不知该如何解决。

教法随想 ▶▶

父母让孩子自己解决问题。当他们遇到困难时，父母应该让孩子反思做事的过程，调整后再尝试。只有这样他们才能真正地教育他们的孩子。孩子犯错误并不可怕，关键是要有检查和反思的能力。

自我反省是一个思想斗争的过程。通过自我反思，孩子们分析自己的行为动机，检查自己的行为后果，评价自己的道德行为，思考自己与美德之间的差距，从而使自己的行为有一定的方向，加强自己的道德修养。

事例解读 ▶▶

有一次，李女士15岁的女儿在整理卧室时把衣服叠成了很奇怪的样子，李女士看到了就劝阻女儿把衣服重新叠一下放好，可女儿偏说这种叠衣服的方法是时下最流行的，是她从网上学来的，她坚持要按照自己的方法做。

李女士想到女儿的衣服有很多，灵机一动，不再理会女儿，趁女儿去卫生间的时候，她把一床新被子偷偷地放到了衣柜的最上层。女儿回来后，只顾继续叠衣服，并没有发现什么，当她把一堆衣服分类叠好准备放进柜子里时，才发现空间不够用了。想想自己辛苦了大半天，因为不听妈妈的话，要前功尽弃，她不禁后悔起来，心想要是早听妈妈的劝阻就好了——什么好看不好看的，衣物的摆放一定要实用才好啊，于是她又开始了返工，把衣服打开按照简单的样式重新叠了起来。

还有一次，女儿要和几个同学一起外出游玩，李女士考虑到出去玩儿一天会很累，就为女儿买了一个简易的小包，并帮她准备好要带的物品。可女儿嫌小包容量小，非要换成大背包，而且要带很多根本就用不上的东西。李女士劝阻女儿，女儿却坚持己见，李女士便索性答应了女儿。第二天她给女儿换成了大背包，还帮女儿把背包塞得满满地，女儿格外高兴，背起背包就出了家门。结果晚上回来时，女儿累得筋疲力尽，把包往旁边一扔就躺在了沙发上。她上气不接下气地对妈妈说，大背包真是个累赘，一路上累得喘不上气来，好几次都想把背包扔掉，后悔当初没有听她的劝告。最后，她表示以后一定会听从妈妈的劝告，不想再吃这样的亏了。李女士听后，在一旁笑而不语，她意识到自己的方法起作用了。

孩子不听劝阻，父母不必危言耸听。为了让孩子能够反思，能够听进劝告，家长多动一点脑筋是非常必要的，而且让孩子知道什么是错误的行为，什么是对的行为，从而有意识地纠正自己的缺点。

第55招

培养孩子的适应能力

陋习点评 ▶▶

在幼儿园门口，经常可以看到一些孩子愉快地进入校门，而有一些孩子则不让父母离开，号啕大哭，显然，这与孩子适应环境的能力有很大的关系。那些哭闹的孩子，多半是因为他们无法适应幼儿园的新环境。

当孩子对新环境不熟悉时，这会产生一种不安全感和本能的抵触。他们渴望得到父母的关心和保护。他们的外在表现是不能适应新的环境，在遇到紧急情况时不能合理的调整自己。

为了确保孩子的安全，许多家长把孩子留在身边，不让他们出去，这样会减少孩子适应新环境的机会。

教法随想 ▶▶

了解孩子的情绪，引导孩子调整情绪。父母可以问孩子："宝贝，是因为你不熟悉这里才想回去吗？"如果是，父母可以蹲下轻轻安慰孩子说："我们理解你的感觉，小时候爸爸妈妈也因为不适应新环境而不开心，这没什么，到新环境可以认识新朋友，你不是最喜欢交朋友吗？"这不仅让孩子放松下来，而且让孩子知道，任何事情都有两面性。

学会放手很重要。家长不要过度保护孩子，要让他多接触新鲜事物，不要害怕危险就不让孩子接触。如：孩子在外面玩的时候，当他发现感兴趣的事物时，要让他自己去探索，不要因为有一点危险就立即叫停。激发孩子对新事物的好奇心，在一定程度上可以锻炼孩子的胆量，还可以重新认识外面的世界。

不要担心你的孩子经历困难或挑战。有些父母面对孩子的请求，可能会因为孩子的眼泪很快就妥协，比如孩子不想去幼儿园，在家里号啕大哭，父母会说："好了，好了，今天就不去了。"长时间这样，孩子会逐渐学会逃避。

父母不能总是帮助孩子规避这些困难，要带孩子熟悉周围的环境或用新事物来吸引他，比如，"这里有一个水上乐园和儿童乐园，那么你可以经常去那里玩，你可以认识更多的朋友"等。让孩子对新环境充满期待，会减轻心理上的抗拒。

事例解读 ▶▶

李远的父母换了工作，要搬家。李远虽然很舍不得离开小伙伴，但也没有办法。搬家前，母亲特意带孩子到新幼儿园看看情况，让李远在心理上对新环境有了初步地了解。

尽管如此，当李远刚进入新幼儿园时仍然有一些压力。他现在所在的幼儿园规模和设施都比以前好得多。但是，他不和其他小朋友一起玩。因此，李远就像幼儿园里的弃儿，总是一个人躲在角落里。

他把自己的困惑告诉了母亲，母亲告诉李远，环境是无法改变的，要适当地改变自己，让自己去适应环境。母亲还特意邀请李远的同学到家里做客，拉近他们的关系，之后，李远慢慢适应了新的环境。

促进孩子的协作意识和能力

陋习点评 ▶▶

　　现在大多数家庭都是独生子女。从童年起，他们就习惯一个人玩或者和父母一起玩。他们很少遇到新朋友，更不用说与朋友合作了。而这种长期的所谓"独立"，仅仅是单打独斗，缺乏协作意识和能力，没有团队合作精神，认为自己可以做好所有的事情，更排斥与他人一起合作，单方面认为别人靠近自己是为了获得某些东西，比如玩具、零食等。家长要及时扭转孩子的这种思想，毕竟这不是一个单打独斗的世界。

教法随想 ▶▶

　　第一，利用家庭小事，培养孩子的集体意识。让孩子从身边的小事做起，比如假期或周末一家人旅游或购物，让孩子分配每个人的具体任务，如何做到在每个都出力的情况下快速圆满地完成任务。

　　第二，通过游戏培养集体意识。在家中，可以陪孩子画画，让孩子画出轮廓，家长帮忙填充颜色，或者每人画一半、涂一半，最后合起来是一幅完整的画，以此让孩子体会这样的协作方式所得到的结果；另外也可以玩相对复杂的拼图游戏，家长在旁边指导配合，通过这种合作方式完成拼图，让孩子明白与人合作的乐趣。

第三，创造培养集体意识的机会。家长可以主动让孩子参与冬令营或夏令营，在这样的集体中，每个孩子都带着自己的个性，他们聚在一起，会通过相处，彼此熟识，明白每个人身上的特点，继而在做某一件事时，可以发挥出每个人的优势。由此，孩子也会明白合作的意义。

事例解读 ▶▶

佳佳是独生女，在家里是绝对的"老大"，家里所有的玩具都归她支配。通常，她也是一个人在客厅或房间玩，父母想参与都被她拒绝。

这天，佳佳的邻居哥哥来家里做客，哥哥进屋后，佳佳还是依旧如此，自己在客厅里搭积木。哥哥也只能在旁边玩别的玩具，两个人彼此都不说话。

"哎呀！又塌了，真气人！"原来，佳佳一直想搭建一座复杂又高大的城堡，可每次都不成功。哥哥在一旁看到后走过来要帮忙，可是佳佳却不领情，表示自己完全可以独立完成。

妈妈看佳佳这样，赶紧走过来说："佳佳，对哥哥要有礼貌，你可能不知道，哥哥是搭积木的高手，可以搭建很多又高又漂亮的城堡，所以让哥哥帮忙吧。"

佳佳一听，马上点头同意。一瞬间，她变身为"建筑工人"，一会儿帮哥哥拿这个，一会儿拿那个。一会儿的功夫，又高又漂亮的城堡搭建好了。相信佳佳在这个过程中也能感受到合作带来的快乐和益处，那将远胜于单打独斗。

第57招

教导孩子在人生的赛场上具备体育精神

陋习点评 ▶▶

积极进取、耐力、意志力、持之以恒……提到让孩子具备这些精神，很多家长甚至会觉得这是个玩笑，一个小孩子如何能具备这些对成人来说都非常难以获取的精神？如果告诉你，体育精神即涵盖这一切，或许你会连连摇头。因为对于你来说，让孩子多学习奥数、钢琴等兴趣班，远比在体育上的投入更有价值。于是，当生性好动的孩子开始逐渐表现出体育精神时，他们的家长会刻意压制，殊不知，这压制下去的不仅仅是对一个领域的兴趣，更会剥夺一个孩子具备优秀品质的机会。

教法随想 ▶▶

热衷于体育运动的孩子，往往会更活泼，更愿意面对挑战，也更崇尚公平竞技，那么，如何让你的孩子也具备这种难得的体育精神呢？

家长和孩子一起享受运动。如果家长本身没有体育方面的经验，没关系，可以与孩子一起学习，比如购买些健身器材，与孩子一起在家中或公园等处锻炼。切记，这种锻炼要有周期性、稳定性，杜绝三分钟热度。

让孩子自由选择。假设孩子在进行了某一项体育锻炼一段时间后，并没有继续下去的兴趣和决心，同时家长又可能判断孩子并不是想放弃，仅仅是不喜欢，那么要及时更换，让孩子选择自己喜欢的，这样能最大程度地保持他对体育的兴趣，对于持续培养体育精神很有意义。

结合孩子的自身条件。所谓量体裁衣，根据孩子目前的身体状况选择适合的体育项目，对于培养体育精神很有助力，孩子会在热衷的体育项目上倾注更多的热情，也愿意投入更多精力。

事例解读 ▶▶

有一所小学非常重视对学生体育精神的培养：三年级的学生会每天在某一课间进行跳绳比赛，并让学生们自己分组，制定相应的比赛规则，自主比赛。在比赛的过程中，每个小组都不甘示弱，积极地发挥出自己最大的能量。一旦有小组成员表现不好时，其他组员也会予以安慰，并努力在下一轮扳回比分。

在跳绳的过程中，有的同学被绳子绊倒，无论是哪组的组员，都会上前来搀扶、询问，而且比赛时也会"大个子对大个子，小个子对小个子"，采取相对公平的竞技方式。几次下来，有的小个子也要挑战大个子、瘦弱的女生也希望与相对高大的男生一决高下……比赛结束后，大家也是很看重输赢的，但又绝不是单纯地只看输赢，因为参与其中，学会团队合作、帮助他人、韧性和公平竞技等是更重要的。

第58招

拒绝一切拖沓行为

陋习点评 ▶▶

早上不起床，上学眼看要迟到了却无动于衷；一边吃饭一边玩，没有一个小时绝对吃不完；外出玩很久都不回家，催促毫无作用；30分钟写完的作业，两个小时才能完成……

你还可以细数孩子拖沓"几宗罪"。相信这些都是很多家庭的常态，面对孩子的这些拖沓行为，家长双手一摊，表示自己也十分无奈，除了生气吼叫几句发泄情绪外，第二天该做什么还是做什么，难道，真的没有办法改变这一切吗？

教法随想 ▶▶

让孩子对时间有观念。我们对孩子说："2分钟之内要把玩具收拾整齐。"这里的2分钟，只有我们大人知道是多久，孩子并不知道，也不理解。因而，根据情况采用合理的形式，比如倒数。晚上睡觉前，可以告诉孩子："马上要睡觉了，倒计时开始了，10，9，8……"让孩子意识到时间要到了。

让孩子对所做的事情产生兴趣。早上刷牙时，可以定一个2分钟的闹钟，告诉孩子闹钟响起的时候，就要刷完牙做下一件事情了。或者和孩子一起比赛，穿衣服、穿袜子等。家长可以故意输给孩子，让他们觉得做这件事很有趣，他们便不会排斥了。

让孩子"担责"。家长要给孩子制定合理的时间表，要求孩子按时完成，一旦拖沓就要接受一定的惩罚，比如少买一件玩具等，总之让他们觉得自己拖沓需要承担一定的后果。渐渐地，他们就会形成规律，不会由着自己的性子来，因为他们知道那样做会失去什么。

事例解读 ▶▶

豆豆是一个很爱赖床的孩子，每天早上妈妈都要叫好几遍，每一次她都哼哼唧唧的，之后转头又睡过去。妈妈实在没办法，总不能每次都靠打骂，只能哄着来。久而久之，豆豆赖床的毛病更加严重。

这一天早上，豆豆却起得很早，因为她在朦胧中听到了"咯咯咯"的声音。豆豆很喜欢小鸡玩具，所以妈妈特地买了一个小鸡闹钟。豆豆这下来了精神。妈妈借机说："豆豆，你知道吗，这只小鸡每天都会按时'咯咯咯'地叫，它非常的勤劳，从不赖床。"

豆豆一听，连忙说："我也不会赖床，小鸡叫的话我就会起床。"果然，第二天早上闹钟一响，豆豆一骨碌爬了起来，此后也不再赖床。

找到恰当的方法，足以改变孩子拖沓的毛病。

第59招
让孩子发现自己是强者

陋习点评 ▶▶

父母对孩子所有事情的包办，会给孩子造成"你很弱，所以要我帮忙"的心理暗示，久而久之，孩子事事依赖父母，当需要独自面对某些事情时，会突然发现自己居然什么都不会，到这时才会意识到自己是"弱者"。毋庸置疑，这对孩子的打击是巨大的，他们也不可能在短时间内扭转这种想法，毕竟某一能力的具备不是一蹴而就的。

其实，家长应该学会放手，甚至刻意去"崇拜"孩子，让孩子觉得自己是强者，有这种积极的暗示，孩子才能慢慢地变成强者。那么，如何正确引导孩子呢？

教法随想 ▶▶

第一，克服自卑情结。克服自卑的唯一方法就是大声说出来。只有大声、自然、清晰地表达你的想法、愿望和感受，父母才会明白孩子想要什么。

第二，让孩子独立。为了帮助孩子从小养成独立的习惯，父母要做的就是引导孩子发展他们的学习能力和自我激励。随着孩子年龄的增长，他照顾自己和控制自己的能力也在增长。

第三，锻炼孩子的社会适应能力。有些父母太过保护他们的孩子，他们从来没有自己洗过衣服，从来没买过东西……过度保护可能是一种伤害，也会让他们在遭遇挫折时一蹶不振。

事例解读 ▶▶

小玉是一个十分柔弱的小女孩，一次，她在削铅笔时不小心伤了手，痛得哇哇大哭起来，揉着眼睛去找妈妈。妈妈看着女儿的手在流血，急忙去找消毒剂和创可贴，给孩子割破了的手指缠上绷带，并鼓励女儿坚强起来，但小玉还在哭。妈妈无计可施，不住地哄着，突然她想起了什么，便卷起自己的袖子，给女儿看她手臂上的一个大伤疤。

看到那个伤疤，小玉立刻停止了哭声。妈妈告诉她，这是她不小心弄伤的，但是她忍着疼痛不哭。小玉看着妈妈的大伤疤，再看看自己的手，好像也没有那么疼了。

第60招
在孩子头脑发热时正确引导

陋习点评 ▶▶

　　孩子天性信马由缰，想到什么就会做什么，完全不会考虑后果，或者说，他们这个年龄段还不足以对自己的行为作出判断，所以，这时候就需要家长来把控。在孩子头脑发热、不理智时泼上一盆冷水，让孩子冷静下来。所谓防患于未然，在孩子不理智之前引导他有正确的认知，是远胜于亡羊补牢的。

教法随想 ▶▶

　　孩子会根据自己的内心所想行事，并不在乎他人的感受，当孩子一意孤行时，家长要及时阻止，可以明确地告诉孩子什么是对什么是错，让他知道哪些事情是绝对不能做的。再者，平日里也要在爱护孩子上遵循适度原则，很多时候，孩子是仰仗有父母撑腰，才不管不顾，做出很多不理智的事情的。

　　还要让孩子正确认识自己，明白自己的能力，不要好高骛远。一个不知自己能力的孩子，必然会作出头脑发热的事情，觉得自己好像无所不能，不会正确评估自己。家长要明确指导孩子稳步提升能力，并让他意识到有很多事情是超出自己能力范围的，让孩子学会主动放弃。

此外，家长也应当杜绝一切会促成孩子变得急躁、恶劣的环境，为孩子营造平和、安稳的氛围，这就要求家长自身要提高素质，注意言谈举止，以免对孩子造成不利影响。

事例解读 ▶▶

2017年12月14日，盘锦市盘山县的一所中学女教师被学生捅死，就在教室讲桌的旁边，脖子附近有几处致命的刀伤。在行凶之后，这名学生试图跳楼自杀，不过最终没有生命危险，死去的只有女教师一人；

2019年10月24日，四川仁寿县某中学的一名学生，由于对老师的管理产生不满情绪，居然用砖块猛击老师的头部，导致该名老师因伤住院，长达3个月之久。而后，这名老师因病情突然恶化死亡。

无数的案例都向我们展示着因孩子的不理智、头脑发热所引发的暴力事件，通常，孩子一开始所呈现出的头脑发热征象并不明显，也许只是因为没有得到礼物而哭闹或与同学产生摩擦后的闷闷不乐，当这些细小情况出现时，家长要及时疏导，以免孩子长时间处于这样的情绪中不能自我调节，最终铸成大错。

第七章　指导孩子独立解决问题

第61招
让孩子树立正确的审美观

陋习点评 ▶▶

　　提到美，这可能是女孩的专利，多数男孩对于美的认知并不如女孩敏感。女孩从开始有朦胧的审美意识开始，可以说一生都在追求美。如果父母粗暴地干涉一个女孩对美的追求时，必然会阻碍她审美观念的健康发展。比如，女孩子喜欢给玩偶梳妆打扮，或者在指甲上用彩笔涂抹颜色，这些都是她们追求美的表现，此时父母不应该厉声呵斥，只要她们在正常范围内追求美，父母是可以听之任之的。有些父母会横加阻拦，认为那些都是毫无意义的，这样的观念必须扭转。

教法随想 ▶▶

　　现在，一些孩子喜欢和别人比较。例如，当买东西的时候，品牌比使用价值和外观更重要。品牌成为他们衡量美的最高标准，这是审美观念上的误区。它不仅影响着孩子的成长，而且影响着孩子未来的价值取向和人生观，这是需要家长注意的。

　　引导孩子发现周围的美，无论是具体的还是抽象的，这些都是我们能感知到的美，自然景观的美让我们感到快乐和放松；人类社会情感的美使我们感动和钦佩；军人的爱国奉献精神等。所有这些人或事，都会触动孩子纯洁的心灵，在他们心中树立美的典范。

要提高孩子的审美水平，就必须在实践中运用审美。有一种美，就在我们身边，它有红砖土墙，青山层叠，童年的欢声笑语，这就是家的美。改善你的审美的第一步是试着让你的孩子回到你家乡的美丽。

事例解读 ▶▶

菲菲的妈妈每天早上给她穿衣服的时候都会很生气，原因是菲菲每天早上都要自己选择衣服，而且她选择衣服的标准就是两个字——漂亮，从不理会是不是符合天气条件，如果你不满足她，她就会号啕大哭。老师说六一儿童节要穿校服，菲菲便天天问妈妈："妈妈，那天老师会让我们穿新衣服吗？"妈妈觉得有必要教育她一下，就说："不可以，那天要穿校服。所有的孩子都穿校服，这会成为一道美丽的风景，大家整齐划一，表现出的是这个年龄的孩子最美的一面，相信没有比这更让人期待的了。"妈妈说完，菲菲的确显露出期待的神情。

让孩子懂得什么是真正的审美，需要父母花费一些心思，但当孩子能更关注心灵美时，一切付出都是值得的。

帮助孩子如何与朋友相处

陋习点评 ▶▶

　　现在大多是独生子女，孩子缺乏兄弟姐妹的手足情，所以在如何与他人相处方面经验不足。但他们每天有三分之一的时间要和同龄人在一起度过校园生活，相处得好，孩子的心情平和愉快，身心健康发展；相处得不好，孩子就会孤独烦躁，进而影响学习、生活，以致危害身心健康。

教法随想 ▶▶

　　孩子在家庭和学校里，属于从属地位，大多听从家长和老师的安排，逐渐形成依赖心理，一旦脱离家长独自活动，就会表现出消极、退缩的情绪。如何教会孩子与同伴相处呢？

　　1.教孩子一些基本的人际交往礼仪

　　可以在孩子刚学说话的时候就教他说一些与人交往所需的话语，例如"你好""谢谢"等。在他开始与别的小朋友一起玩耍的时候，就可鼓励他练习说这些话。

　　2.家长应改变对孩子娇宠、溺爱的教育方式

　　引导他思考"为什么小朋友不喜欢我""为什么他们不愿意理我""当我

做了什么，别人会显得很高兴"等问题，父母通过讲故事、和孩子共演情景剧的游戏方式，也能让孩子学会换位思考，宽容他人，自己想办法处理与朋友的关系等，让孩子在这些活动中得到鼓励，逐渐把新的经验运用到实际生活中。让孩子在成长过程中学会替别人着想，是提高孩子受欢迎程度的另外一种重要的社交技巧。

3.让孩子独自做客或招待客人

如果想训练孩子的交际能力，可以让孩子独自到邻居或亲戚家去玩耍，这样，就可以让孩子用平时学会的一些交际语言进行练习。之所以让孩子独自去，是因为这样孩子不会产生依赖心理，他必须亲自与人打交道，这时的他是作为主要人物上场的，他自己不得不面对这些问题，这会促使他去思考，促使他学会与人交往，与他人和睦相处。如果是朋友到自己家来做客，可以让孩子进行接待，从而让孩子学会如何待人接物。特别是与孩子年龄差不多的小朋友到家里玩耍时，更要让孩子亲自做一回小主人。

4.家长可以鼓励孩子多参加群体活动

诸如课外兴趣小组，课外活动，除学校之外的少年宫，社区举办的敬老活动等，这些活动都有利于孩子的身心健康。此外，和同龄人一起参加群体活动还有利于孩子形成平等观念，逐渐脱离对家长的依赖，孩子的发展能力和创造能力也可以得到更好的发展。

事例解读 ▶▶

穆子轩是个活泼好动的孩子，已经上小学五年级了。从小与爷爷奶奶一起生活，由于长辈的溺爱，他养成了以自我为中心的性格，稍不顺心，就会闹别扭，经常因为一点小矛盾，与同学发生冲突。因此，他没有要好的伙伴。有时候，结交了新朋友，朋友邀请他一起玩耍，他也表现得不是很乐意。一旦在外受到了冷遇，他又很在意，很伤心，偶尔会回家哭诉，在家长的鼓励和教育下，虽然有时也能主动向对方表示歉意，但有时别人仍然不理他。他感到很苦恼，家长也为孩子没有伙伴及无法与同伴友好相处而感到担心。

穆子轩从小被长辈过分疼爱，从小缺乏与同伴之间的互相帮助、相互谦让以及尊重他人的教育，养成了事事先考虑自己的习惯，凡事先考虑自己的喜好，不在意别人的感受，自然也就失去了伙伴。从穆子轩回家哭诉在外的遭遇可以看出，他对家长过分依赖，自主处理人际关系的能力较差，他渴望友情，同时又不愿意参加集体娱乐活动，说明他对于同伴亲密相处存有心理障碍。

和同伴的交往必须要在实践中才能发展起来，与其他孩子之间的矛盾是不可避免的，要慢慢地让孩子学会自己处理。事事包办代劳，为孩子出头，是不可能让孩子学到交往技能的。

第63招

鼓励孩子当选班干部锻炼能力

陋习点评 ▶▶

"孩子是不是班干部没关系，最重要的是学习成绩"，相信有不少家长有这样的想法。然而，孩子们迟早要踏入社会找工作。他们是管理者还是被管理者取决于他们的个人能力，当班干部可以在一定程度上让他们提早得到锻炼，也为他们在以后的工作中打下基础。

另一方面，有的家长觉得孩子当班干部太"操心"，需要平衡很多方面，稍不注意就惹得别人不高兴，这样的家长秉持的是多一事不如少一事的观念而拒绝孩子当班干部。显然，就像前面所说的，孩子失去了提早锻炼的好机会。

教法随想 ▶▶

1.鼓励和帮助孩子发现自己的优势，从而提高他们的自信心。

2.帮助孩子为失败做好准备，万一竞选失败也不要太沮丧。失败也没有关系，重要的是过程，日后还有大量的机会等着他。

事例解读 ▶▶

　　一次，林佳在陪儿子写作业时，偶然发现一张班干部竞选申请表。于是问儿子："你们要选班干部了吗？你想参加吗？"儿子却说："竞选班干部既要上台演讲，又需要同学投票，我害怕，所以我不想参加。"

　　其实林佳了解儿子，知道他有竞选的想法，只是缺少鼓励，林佳又问："你是害怕上台演讲吗？"

　　儿子说："是的，我怕。"

　　"怕什么呢？每个人都会有第一次，因为我们要面对的挑战太多了，只要跨越了第一步，后面的每一步就容易多了！"

　　听完妈妈的话，儿子若有所思。林佳继续说："我相信，你一定会被选上的！即便到时候同学不选你，也没关系，这说明你在某些方面还需要加强，通过努力，可以下个学期再来！反过来说，万一其他同学都选你，你不就成功了吗？你不试试，怎么知道结果呢？所以，一定要试一试，重在参与，成功与失败都关系！"

　　儿子看着妈妈充满鼓励的眼神，很高兴地说："那明天您教我怎么讲吧。"

　　每个孩子都是潜力股，家长正确地引导极为关键。

第64招

激发孩子的危机意识

陋习点评 ▶▶

生活中危机无处不在，尤其是对孩子而言。"请在家长的看护下使用或食用"经常出现在一些物品或食物上，这告诉我们，许多对成年人来说很常见的东西对孩子来说是有潜在的危险因素。

有些危险是表面的，而有些危险是潜在的。事实上，危机有很多种，上面提到的只是最片面和表面的。在孩子成长的过程中，危机存在于生活、学习甚至后期工作中。

教法随想 ▶▶

1.参加冒险游戏

父母可以让孩子参加一些适当的冒险游戏，这样的活动可以提高孩子在遇到危险和困难时解决问题的能力，通过参加活动获得成就感来让孩子建立足够的信心。在确保孩子的安全情况下，父母应该让孩子尽量参加，通过这样的活动培养孩子的危机意识。

2.父母扮演一个角色模型

父母可以通过聊天的形式，让孩子知道父母的工作是有竞争性的，即使现有的工作有所成就，但还是要不断提高自己的能力，以应对各种竞争环境，这是一个渗透的过程，让你的孩子知道所有的奖励和鲜花都是通过不懈的努力和智慧换来的。

事例解读 ▶▶

元宝的爸爸是个围棋高手，元宝自小受熏陶，也很喜欢下围棋。家人也总是夸元宝聪明、厉害。不过，学习了一段时间后，元宝有些骄傲了，觉得自己的棋艺不错。

其实，元宝的骄傲还有一个原因，爸爸每次和元宝下棋，总是故意输给他，这让元宝更觉得自己"大有长进"了。之后爸爸教下棋的时候，元宝也是心不在焉。慢慢地，元宝变得有些目中无人，更严重的是，偶尔爸爸不让着他了，他还会表现出一副不服气的样子。爸爸意识到问题的严重性，于是给元宝报了一个围棋兴趣班，在这里，他可以与其他小朋友进行切磋。

最初，元宝还是信心满满，但很快他发现有很多更厉害的小朋友，而自己也不是他们的对手。渐渐地，他意识到自己的棋艺并没有那么高明，因为有了危机意识，他开始琢磨棋局。他对爸爸说："班里很多同学都很厉害，我也要继续努力才不会落后。"

显而易见，这就是美国学者阿尔文·托夫勒所说的："没有什么比昨天的成功更危险。"

第65招

赐给孩子一颗包容心

陋习点评 ▶▶

在每个孩子的眼里，父母就是他们的天。父母笑了，天空放晴了；父母怒吼，天要塌下来了……如果父母不够宽容，容易生气，孩子就会变得谨小慎微，从而限制了他们的思维能力和行动能力的发展。

当父母责骂孩子时，孩子会调动所有的情绪去抗拒，而不是冷静的反思，这无助于纠正错误，孩子可能会反抗，把无意的错误变成有意的错误。保持冷静，分析孩子犯错的原因是最重要的。

教法随想 ▶▶

1.在"有意"和"无意"之间做出理性的区分

大多数时候，儿童的"毁灭"是好奇心、诱惑的结果。例如，我女儿过去常常把我的洗面奶全都倒出来，然后拿来玩。但是这个2岁的小女孩对她周围的一切都很好奇，她想知道瓶子里装的是什么。她并不是真的想要浪费，这只是婴儿锻炼手眼协调的一种方式，也是婴儿与书交流的一种独特方式。

这些都是无意的损害，不应该受到惩罚。我轻轻地告诉她，洗面奶是妈妈用来洗脸的，不是用来玩的；喜欢一本书，不要撕毁它，并把撕破的书页在她面前补好。从那以后，她再也不玩洗面奶了，书撕得越来越少，直到这个坏习惯消失。

2.预先警告

并非所有的错误都能避免。家长应在可预见的将来尽早发出警告。错误不仅可以避免，而且孩子们还可以从中学到很多。

事例解读 ▶▶

我记得我在初中的时候，经常在饭后帮妈妈收拾碗筷。那天，我手里拿着一大堆餐具，扭着腰，从餐厅跳到了厨房，却不小心把碗都摔坏了。

妈妈一句话也没说，拿起扫帚和我一起清理碎片。自始至终她都没生气，从那时起，我就量力而行，不再把碗叠起来，不再一边收拾碗筷一边玩儿。

父母的宽容和对孩子的态度有潜移默化的影响。从出生到现在，女儿不小心弄坏了很多东西：数不清的撕破的书、打碎的玻璃球、整瓶的洗面奶、摔坏的平板电脑……比起物质上的损失，我更关心孩子的心理感受。

第66招
培养孩子博览群书的习惯

陌习点评 ▶▶

关于阅读，大多数父母选择的方式是给孩子买一大堆绘本、图画书等，放在书架上让孩子定期阅读，可孩子爱玩的天性决定了他们很难坐下来看书，于是父母便武断地认为自己的孩子不是读书的材料，起码无法让他们养成阅读的习惯。

这类父母的错误认知，表现在只从孩子身上找原因，而忘了自己才是孩子阅读的引路人。若自己不陪伴孩子阅读，帮助他们形成阅读习惯，只想着孩子自觉养成这种可以伴其一生的好习惯，无异于天方夜谭。因此，父母必须化身为"导购员"，主动陪伴孩子阅读。

教法随想 ▶▶

父母要主动为孩子创造一个良好的阅读氛围。孩子很容易受环境的影响，阅读习惯也自然离不开家庭的氛围。父母首先要做榜样，养成阅读的习惯。试想，一个下班回家后便抱着手机不放手的父母，又如何让孩子爱上阅读呢？

父母也要经常给孩子读书，阅读时声情并茂，这会让孩子了解到阅读是一件很愉快的事情，父母切忌应付了事。

让孩子自主选择感兴趣的书籍，他们会更容易形成阅读习惯。比如一些布艺书籍、可触摸书籍等，不要只被纸质书籍所束缚。

周末时，父母也可以定期举行"读书日"，总结一周的阅读情况，并让孩子分享自己的阅读体验或者某个故事，这都能最大程度地激发孩子的阅读兴趣，让他们养成博览群书的好习惯。

事例解读 ▶▶

六年级的一个女孩问她的老师："您为什么这么聪明？有无穷无尽的童话，无穷无尽的故事？"老师带她走进一间办公室，里面有一个又高又宽的书柜，她指着书柜对小女孩说："正是它让我变得聪明，让我有更多的故事和心得可以与别人分享。"从那时起，这个小女孩也走到书前，认为书是一种神奇的魔法。自从她喜欢上读书之后，她身边的人几乎都夸她很聪明。随着年龄的增长，她得出了这样的结论：一个人读的书越多，越可能得到人生真正的快乐。

阅读具有非常强大的教育力量。阅读可以吸引孩子们的思想和心灵，让他们深刻地思考世界和自己。正如莎士比亚所说："生活中没有书籍。"没有书的智慧就像没有翅膀的鸟。阅读能力是一种综合能力，不是一蹴而就的，而是循序渐进的。

由于年龄、知识和生活环境的限制，儿童在阅读习惯、阅读方法和阅读效果上都会遇到很多困难。父母作为孩子的启蒙老师，父母应该承担起阅读教育的功能，注意激发他们的阅读动机，增强他们的阅读兴趣，选择合适的图书，和孩子一起阅读。

第67招

缓解孩子的年轻气盛

陋习点评 ▶▶

竞争是驱动人追求卓越、积极向上的一种动力，而不正确的竞争意识也可能对孩子造成伤害，有的孩子为了比别人强，用尽一切不正当手段，让他们形成一种错误的竞争观念，使孩子心理扭曲。因此，我们在培养孩子竞争意识的时候应该让孩子明白：竞争应该是心胸广阔的，而不是狭隘自私的。

现在大人什么都喜欢比较，也喜欢争强好胜，面对日益激烈的竞争和就业的压力，无形之中，我们不知不觉就会把竞争概念传输给孩子：你要当第一，你要做到最好，你要比别人都强……相信很多幼儿园的集体环境也是这样去塑造孩子的：比一比，赛一赛，然后最棒的孩子得到最多的鼓励。

可是，小小年纪的孩子当真需要竞争来刺激成长吗？真的有必要从小就培养孩子强烈的竞争意识吗？竞争，究竟是帮了孩子，还是伤了孩子？

教法随想 ▶▶

模拟各种场景。父母陪伴孩子，不妨用自己的经历模拟一下，问问他该怎么做，并启发引导。例如，如果你遇到插队的人，你该怎么办？被别人冤枉了，该怎么办？通过孩子的回答，给予正确引导。

冷静很重要。如果你对某件事很冷静，你就能轻松冷静地处理它。当人们感到恐慌时，他们会做一些不应该做的事情。人们的心理素质可以得到锻炼，定期的探索可以帮助孩子提高心理素质。

嘴甜是好事。甜言蜜语，绝对不是阿谀奉承！这是善意的行为。同时，您将收到良好的反馈！就像《增广贤文》中所说："忍一时风平浪静，退一步海阔天空。"说几句温柔的话，不会丢多少面子，还能陶冶自己的情操！

事例解读 ▶▶

"爸爸，我是第一个跑的。"周末，我带着两个孩子去公园玩。大宝和二宝比赛看谁先抓住妈妈手里的帽子。他们喜欢比赛，因为赢得比赛让他们感到自豪和满足。

害怕输和想赢都是正常的心理思维，孩子对事物的判断极其简单，对于游戏来说，只有"赢"和"输"两个对立面。"胜利"是伟大的，它给孩子一种成就感和满足感。但是"输"也会给孩子带来挫折，所以他们会因为害怕输而担心别人比自己强的心理，然后就会出现一些抵制的言语或行为。

作为孩子，争强好胜是特定年龄组的特征。作为父母，我们应该引导孩子冷静地面对输赢，放下竞争意识，提高他们的竞争力。

第68招
培养孩子正确的世界观

陋习点评 ▶▶

谈及世界观、人生观、价值观，很多父母本身都一头雾水，更不用说主动培养孩子了，于是，认为这三个虚拟的名词不用过多理解，也就不用寻找书籍并想破头地试图用浅显易懂的方式让孩子了解了。

事实上，当孩子和你说"我想看看世界长什么样"的时候，就是需要培养他们世界观的时候了。而世界观，事实上也仅仅是我们每个人对于这个世界的看法和观点，它不是玄幻的，可对于孩子来说，家长务必要给予正确地引导和培养，让他们拥有正向的世界观。

教法随想 ▶▶

1.告诉孩子什么是人生观、世界观和价值观

人生观，就是对生存的目的、价值和意义的理解。一方面表现为价值取向、价值追求，浓缩成一定的价值目标；另一方面，它表现为价值尺度和标准，成为人们判断事物是否具有价值的评价标准。

世界观、人生观与价值观是统一的：有什么样的世界观就有什么样的人生

观，有什么样的人生观就有什么样的价值观。可以说正确树立和和谐维护三者的统一是孩子未来的根本。父母只有意识到这一点才能认真对待。

2.轻柔的细语，润物细无声

初中生不是幼儿园和小学的孩子，他们独立思考的意识在逐渐增强，如果家长仍然沿用直接分配的做法，恐怕效果不好甚至适得其反。孩子逐渐增强自尊心，需要父母平等、民主的态度与孩子进行沟通，只有走进孩子的内心，做孩子的朋友，才能雕刻和美化孩子的精神。

3.让孩子读一些健康、正能量的书籍

好书就像肥沃的土壤，滋润着鲜花和树木苗壮成长，例如，阅读名人传记，名人和成功的例子是无穷无尽的，触动心灵的事迹也不在少数，在孩子们心中生根，促使儿童形成积极的价值观。

4.把握生活点滴，实时教育

基础薄弱的孩子，为了提高成绩而作弊，意识到这一点，应该告诉孩子们，提高成绩并不是一蹴而就的，作弊是毫无意义的，分数只是检验掌握知识程度的工具，只有尊重客观规律，真正理解知识，才是提高成绩的关键。并且可以从这个延伸到事业，投机取巧是愚蠢可笑的，要赢得别人的尊重，首先要实事求是，提高自己的能力。

事例解读 ▶▶

欢欢的爸爸是一个地理迷，家里摆放着很多与地理相关的东西，同时他也很重视对孩子世界观的塑造。他觉得自己很幸运，喜欢地理，让他发现了原来这个世界有那么多不为人知的一面，于是他也希望欢欢能通过地理改变对世界的认知。

两父子时常外出到"深山老林"中，爸爸会给欢欢讲述各种植物和岩石的知识，以及地形地貌特征。欢欢在与爸爸屡屡"探险"中，不但练就了超出同龄人的胆量，更对世界有了新的认识，他的世界观也在藉由地理为基础的前提下，向着更广阔的外围扩充着。地理、物理、天文……欢欢开始喜欢上了很多科目。很明显，他正在形成一个"庞大"的世界观。

第 69 招

训练孩子的谈吐和气质

陋习点评 ▶▶

生活中，有些孩子会不停地说脏话，让人听后很反感，而有些孩子说话则十分优雅、有礼貌，让人听后感觉舒服，很自然就会想到孩子的父母肯定也是知书达理的人。孩子说话的方式离不开父母的引导，如果父母不注意，平时忽略了他们偶尔冒出的脏话，时间一长，孩子就养成了这样的习惯，再想纠正就困难了。

每个家长都喜欢懂礼貌、谈吐优雅的孩子，可到了自己孩子身上，不少家长会变得不那么苛责，认为偶尔说出三五句不得体的话无伤大雅，殊不知，正是这几句无伤大雅的话，催生了一个毫无礼貌、素质可言的人。

教法随想 ▶▶

1.教孩子使用礼貌的语言

讲礼貌是最基本的，让孩子把"谢谢""对不起"等经常挂在嘴边，可以拉近与他人的距离。

2.让孩子说话时要大方

有的孩子比较内向，不爱说话，家长就会比较着急。这时，家长可以多带孩子参加户外活动，让孩子和同龄人相处。同龄孩子之间会有很多共同语言，家长带孩子出去可以放松身心，还可以让孩子跟其他孩子接触，让孩子的性格变得开朗起来，渐渐地孩子也会爱说话了。

3.鼓励孩子在陌生人面前讲话

有些孩子可以和他们熟悉的人交谈，但是他们和陌生人交谈时很紧张，尤其是当家里有客人的时候，他们会躲在妈妈后面。父母一定不要责骂孩子，而是要有意识地培养。带孩子去一个他们可以交流的地方，比如鼓励他付钱，找人问路等。

4.教导孩子说话要谨慎

让孩子学会说话，也要学会倾听，掌握正确的说话方式。比如委婉地拒绝别人，不当面暴露对方的缺点，不背后说别人的坏话，不轻易对别人做出承诺。

事例解读 ▶▶

当雅洁在一次偶然的情况下听到5岁的女儿说出"白痴""缺心眼儿"这样的词汇时，怔住了，她觉得有必要给女儿立下规矩，毕竟一个女孩日后如果满口是这样的词汇，暂且不管他人怎么想父母的教育，单就是对她个人也会产生极差的印象。于是，雅洁和家人商量，全家人一起上阵，每个人都要有礼貌，还要求女儿对长辈说话要称呼"您"。

一开始，别说孩子，大人也有些不习惯，但为了培养女儿的谈吐，雅洁鼓励大家要坚持下去。一个月后，雅洁发现女儿有了巨大的变化，让别人帮忙的时候说话十分客气，家里来亲戚朋友了，看到她的变化也不禁竖起大拇指。

此外，雅洁还会购买适合女儿看的书籍，和她一起阅读，增长女儿的见闻，这些都让女儿的谈吐和气质大不一样。

第 70 招

引导孩子培养自己的主见

陋习点评 ▶▶

天下的父母都不希望自己的孩子变成"鹦鹉"，只会"学舌"而没有自己的主见。可遗憾的是，大多数父母在家庭生活中占据主导地位，起着决定性的作用，不让孩子独立思考和决策，当孩子尝试这样做时，便被贴上了"不听话"的标签。慢慢地，孩子放弃抵抗，什么都听父母的，逐渐变得没有主见，凡事都不敢自己做主，凡事都要过问父母，最终成了名副其实的"鹦鹉"。

可见，父母不应该过分干预孩子，要在适当的时候，变成灯塔，在培养孩子有主见的路上指明方向。

教法随想 ▶▶

1.鼓励孩子多问问题

孩子是否提出问题取决于这个问题是如何被接受的：这个问题是被认真对待还是被推迟；无论是说教还是有趣的谈话，这会让他感到骄傲、被认可，还是尴尬？鼓励孩子多提问，锻炼的是组织问题的思维，这种问题，也就是自我主见的呈现。

2.独立的决策能力

人们普遍认为，独立决策是成年人的能力，孩子应该足够听话。事实上，我们所缺少的是这种能力并不只是在16岁或20岁时突然出现，所以让孩子学会自己做决定是很重要的。这要求父母要学会放手，学会听取孩子做出的每一个决定，父母的态度是鼓励他们敢于决策的关键。

事例解读 ▶▶

家义是一个很听话的孩子，父母对他说的一切，他几乎都会记在心里，不管是从报纸、杂志上看到的，或者是从电视新闻里了解的。这种听话，让家义的父母很欣慰，觉得自己的孩子真省心。

不过，由于"省心"，家义也变得胆小怕事，什么都不敢尝试，其他小朋友一起玩的游戏，他都生怕出错而不敢参与。父母知道家义的情况，也有些担心，希望家义能够有一些主见、勇敢一些。于是，他们带家义去了一次游乐场，让他去尝试平时不敢玩的娱乐设施，还鼓励他说出自己的想法，学会分析。

几周之后，父母发现了家义的变化。那天，一家三口到动物园，看到了黑猩猩的房间里面挨着玻璃的地方，有三条横放的很粗的绳索，别人都说这是给黑猩猩玩耍用的。家义看了看后说那是为了防止黑猩猩发怒撞坏玻璃用的，并且十分坚持自己的观点。最后经过询问工作人员，证明家义是正确的，他为自己能坚持己见而高兴，人也变得更加勇敢。家义的父母也从这件事上体会到别让自己的孩子太听话，那样孩子会失去自我。

第八章　鼓励孩子敢于担当责任

第71招
自己的账自己结

陋习点评 ▶▶

我曾经听一位母亲说，她儿子6岁的时候对钱一无所知。有一次，他带100元去便利店买冰激凌。付完钱，他拿起冰激凌就走了。

大多数时候，当我们意识到我们的孩子对钱一无所知时，我们甚至会开玩笑说："没关系，孩子还小，他们会慢慢知道如何使用金钱。"

但是威斯康星大学麦迪逊分校的研究人员报告说，许多3岁的孩子已经懂得"价值"和"交换"等概念。7岁的时候，你的孩子就对财务和支出有了一定的概念。因此，当你认为孩子还小的时候，许多"其他孩子"已经有了他们自己的"财务智慧"。他们不仅能"花钱"，有理财意识，还能练习数数和加减法，这对数学启蒙非常有帮助。

教法随想 ▶▶

儿童早在3岁就可以开始进行经济意识教育。这种财商的启示可以从基本的硬币开始。例如，把不同的硬币放在不同的组里，分为1元硬币和5角硬币。

例如，摇摇车需要1元硬币，孩子们喜欢坐。在正确的引导下，孩子们能很快认出1元硬币。

学会用钱买东西。在这期间，孩子们的知识范围可以从硬币扩展到纸币。除了给游戏分类，每次去商店都能让他们用自己的钱买一些简单的东西，比如画笔、泡泡糖、小玩具车……

认识到"钱不是无限的"。当一个孩子学会了"买"，我们要告诉他钱是有限度的。

学会独立规划你的"个人"财务。经过一些培训后，父母可以开始给他们的孩子定期发零用钱。例如，当他想买一个玩具，他可以观察产品的价格，并与自己的一次性数量进行比较，以确定他是否有能力购买。

事例解读 ▶▶

一个周末的早晨，妞妞对我说她想买一把粉红色的小提琴。原因是一个小女孩把小提琴带到学校，妞妞非常喜欢它。最近，我不知道为什么，她总是喜欢一些东西，总是说她只喜欢一件东西。最巧合的是，那天我们在超市的时候，她发现了那把小提琴。

我真的不想一下子给她所有她想要的东西，所以我拒绝，分散她对玩具的选择。她在店里转了两圈，仍然说她喜欢这把小提琴，并说："妈妈，我真的很喜欢这小提琴。我要买这把小提琴。"我和孩子在商店里，爸爸在外面等着。我担心丈夫会等太久，所以我让步了。这把小提琴花了29元，我给了她30元让她去收银台结账。这对内向的妞妞来说有点困难，但为了她喜欢的玩具只能被迫向前走。

收银台前有好多人，所以我让妞妞站在后面等着。她排队的时间越长，她就越明白购物并不容易。妞妞就这样一只手拿着没有打开包的小提琴，一只手拿着30元钱，排队等待。

这是她第一次排队结账，我可以看出她是多么高兴。终于到她了，她的声音并没有得到结账人员的回应，因为柜台很高，她很矮，所以我及时帮忙把钱递了过去，拿回1元钱姐姐高兴地回家。

让孩子选择东西，实际上是一个非常好的锻炼机会，可以知道买东西是不容易，知道钱的作用和钱的数量，可以学习数学等等，更重要的是通过自己的行动增强自信，所以适当的放手，给他们一个锻炼的机会。

第72招

坚决不听孩子的所谓理由

陋习点评 ▶▶

　　一些孩子很擅长找借口、找理由，当完不成一件事时，会找出各种理由为自己开脱，他们总觉得做不好一件事很丢人，但要是有理由就不丢人了。于是，他们开始推诿、不敢承担责任，家长对此也往往有自己的解释：孩子太小，还做不了这些。另外，有的孩子之所以一堆理由，主要原因在于父母过于严苛，父母脾气暴躁、情绪波动过大，孩子在犯错或无法完成某事时，为了避免惩罚，就会想方设法找理由。毋庸置疑，正是这些因素导致孩子养成了找借口、找理由的恶习。

教法随想 ▶▶

　　孩子找借口、找理由，其实是一种防御心理，人在遭遇挫折之后会出现紧张状态，这从心理学上说，称为"应激状态"。因而，要想改变这种情况，就需要让孩子卸下心理防备。

　　1.培养孩子的责任意识

　　告诉孩子，出现问题是正常的，用负责的态度面对才是人生常态。坦然面对，才能获得成长，归咎于他人只会自毁前程。

2.让孩子明白"找借口不如找方法"

遭遇挫折或者面对困难时，找借口、找理由只会让自己心里暂时舒服一些，问题还在，困难也没有解决。只有勇敢面对，努力找出方法，才是治本之道。

3.做好榜样

父母也会在犯错时找借口、找理由，如果不希望孩子效仿，最好坦然面对，主动承担，自我反省，积极寻求解决问题的方法，让孩子看到你在面对这些时"没有任何借口"。虽然这是老生常谈，但谁也不能否认，榜样的力量的确是无穷的。

事例解读 ▶▶

王健是一个五年级的小学生，平时十分贪玩，学习并不努力，学习成绩也是直线下降。更让他妈妈无可奈何的是，面对每次成绩的下降，他都有自己的一套说辞。第一次成绩下降时，他告诉妈妈："妈妈，你不知道，老师讲的不清不楚的，害我考试的时候很多题都不会。"第二次成绩下降，他说："妈妈，这次考试题太难了，很多同学都没考好。"第三次成绩下降，他说："妈妈，考试的时候我身体很不舒服"……

妈妈知道儿子是因为贪玩才导致学习成绩下降，但儿子却三番两次地推卸责任，找理由，所以她决定不再听取他的理由，什么也不说，只是规定王健每天玩的时间缩短一个小时，学习时间适当延长。两个月之后，王健的成绩提高了，他似乎也察觉到了什么，主动告诉妈妈："妈妈，其实我是因为贪玩才导致成绩下降的。"

有时候，父母故作"聋哑人"，不听和不说，只需要按部就班，或许就可以扭转乾坤。

第73招

从小监督孩子形成责任感

陋习点评 ▶▶

现在的孩子越来越缺乏独立性，他们缺乏责任感，认为一切都可以依靠父母，这种不负责任的心态在未来的生活和学习中是很难成功的。很多家长把孩子的性格看成小事，这恰恰反映了父母在教育上的偏差。父母重视孩子的智力发展和人才培养，但往往忽视了对孩子责任心、聪明才智的重视，智力开发只是幼儿教育的一个方面，并不代表孩子的整体素质。我们都知道，我们应该教孩子"自己的事情自己做"。这是一句很有教育意义的话，它对培养孩子的责任感和良好的性格有很大的帮助。

教法随想 ▶▶

如果父母总是试图推卸责任，他们怎么能教育孩子承担责任？因此，为了培养孩子的责任感，父母必须要以身作则。

在具体的教育方法中，我们应该用一些令人信服的例子来教育孩子。

可以犯错误，但不能推卸责任。孩子犯错误是正常的，这是父母培养孩子责任感的好时机。父母应该引导孩子反思原因，告诉他们勇敢地承认错误并承担后果，让孩子尝试纠正错误。例如，自家孩子弄坏了其他孩子的玩具，他应该首先承认自己的错误，向人家道歉，然后与孩子讨论如何解决这个问题，是拿出自己的零花钱去买一个新的玩具，或把自己的玩具赔给对方。如果孩子想不出补救办法，父母给予一些指导。

在沟通中培养责任感。让孩子参与到与他人沟通的实践中，他会更真实地了解自己的责任是什么，如何更好地承担自己的责任。家长和教师应经常给孩子适当的工作任务，让他发挥一定的社会作用，在集体活动和社会工作中承担力所能及的责任。

事例解读 ▶▶

庄庄迫不及待地想告诉我一件让他非常开心和自豪的事情。"妈妈，今天老师给我发了一张表格，只有学习组长才能给别人打分。我太高兴了。"说着，他也不顾路上的危险，打开书包，拿出一张纸。

我看了一下，是一张"学习督导表"，旁边的表标着：课前准备、演讲、家庭作业。在名字下面写六个名称。课前准备一份清单，有些标有"−1"或"+1"，有些标有两个连续的"−1"或"+1"。我看到庄庄名字后面的两个"+1"，另一个学生，最后两个"−1"。

我笑着问庄庄："你真的那么棒吗？填写表格并给自己加分方便吗？"

"才不是！"庄庄快速回答，"因为我要给别人打分，我必须要以身作则。然而，我们组的其他同学总是做不好，不听话，我只好实事求是。"

听着像是个玩笑，但我却看到孩子的问题。

"你这个组长难道没有责任帮减分同学追上吗？你不只是一个领导者！"

"那我跟他们说话的时候，他们不听！"他无奈的说。

"你有给他们说过要求吗？"

"我必须这么做吗？老师要求我，我知道该做什么，他们在课堂上，不可能不听到。"

"明天，你可以在小组中再次强调老师的要求，公布今天每个学生的成绩，看看大家的反应。如果有必要，第一天的成绩可以算作一个实验，给每个人一个机会。让他们表现得更好。"我给儿子出主意，"每次评估结束后，像老师一样公布成绩，让每个人都知道自己的成绩和差距，并表扬表现出色的学生。"

儿子钦佩地看着我，想了一会儿，说："听起来不错，我试试看。"

睡觉的时候，儿子对我说："因为有一张监工表，我今天特别高兴，以后我要好好表现，或者不当组长的时候，就没有机会填这张表了。妈妈，你不知道没有当上组长的同学有多羡慕我！我从来没有想过成为一个团队的领导者会如此有趣！我们班不仅有学习督导表，还有健康、纪律等监督表。"

看着儿子得意扬扬的表情，听着他睿智的话语，我比他更高兴。

一张小小的监督卡，培养孩子有责任感，又充满幸福感。

第 74 招

树立孩子的慈善情结

陋习点评 ▶▶

体育课上有同学摔倒了，摔断了腿，但他却幸灾乐祸；当他看到美味的菜肴，他直接用手抓着吃。他不知道如何与家人分享。当他在路上看到残疾人时，他不仅拒绝帮助他们，还大声地嘲笑他们。这里的"他"不是一个特定的孩子，而是一种现象。市妇幼保健院心理健康门诊开展的一项调查发现，以自我为中心导致许多儿童缺乏爱心，已成为他们心理健康和发展的障碍。培养爱比学习其他技能更重要。让孩子参与更多的集体活动，在集体活动中，可以让孩子尝到成功的喜悦，体会到与他人合作的意义，从而走出以自我为中心的圈子，提高孩子的"爱的能力"。

教法随想 ▶▶

第一，经常翻翻你的衣橱，找到你很久没穿的衣服，把它们捐给需要的人。在这个过程中，鼓励你的孩子做同样的事情——让他们选择合适的衣服和玩具捐赠，并鼓励他们亲自把物品带到捐赠站。

第二，让你的孩子参与志愿者活动。比如为老人打扫院子或者为生病的孩子烤饼干。和孩子一起准备一些食物并把它们送到社区庇护所。

第三，在家里设立一个"慈善零钱罐"来支持慈善事业。父母可以将每月收入的一部分存入"慈善零钱罐"，并鼓励孩子将部分零花钱甚至奖学金放入其中。慈善募捐罐里的钱可以用来捐赠或为受赠人购买物品。鼓励孩子们规划自己的零花钱，思考如何确保"慈善零钱罐"里的钱不断增加，如何合理、最大限度地使用"慈善零钱罐"里的钱来帮助他人。

事例解读 ▶▶

香港著名影星吕良伟在媒体访谈时，谈起对儿子的教育，并表示行走是最好的教育，会一直带着儿子体验旅行和坚持做慈善。吕良伟说，儿子名叫吕善扬，取自"善事多为贤君字，扬名立万真英雄"，是一个父亲给予儿子的理想定位。希望儿子长大后助人为乐，多做善事。到目前为止，吕良伟已经带着儿子在慈善的道路上行走多年。2010年春天，青海玉树发生地震，吕良伟带妻子和儿子一起去了地震灾区；同年贵州发生百年不遇的大旱，一家三口和很多做慈善的朋友一起买了很多水送过去；每次去希望小学看望那里的孩子也会带着儿子，吕良伟表示："说再多都不如采取行动有用。"这是一种能量，对孩子产生的潜移默化的影响是无法估量的。

第75招

鼓励、支持孩子参加社会实践

陋习点评 ▶▶

许多家长明白孩子参与社会实践的积极意义，愿意让孩子参与。然而，儿童参与社会实践活动还存在一些问题。在这个时候，父母应该积极引导他们的孩子。

教法随想 ▶▶

参加公益活动可以锻炼学生的爱心、耐心和宽容。同时，为了更好地为目标服务，有时也可以激发学生的创造性思维。

参加实践活动锻炼了孩子的交际能力、灵活处理问题的能力和社会实践能力。

事例解读 ▶▶

张珊是一个高中女生。作为班长，她一直是公益活动的倡导者。为了锻炼自己，便积极参加社会实践，她每个周末都会利用课余时间到敬老院为老人服务，并且已经坚持了3年。

这个学期，她计划开展其他活动，帮助初中学生辅导学习。周末她和同学们一大早就为补习班的学生解答问题。在辅导的过程中，张珊发现一些同学很难表达他们所学的知识。一开始，他们会因为这些原因产生争吵。慢慢地，他们学会了从受教者的角度来解释。

张珊是班级社会实践的先锋，她以身作则，积极参加公益活动，为同学们树立了良好的榜样。

第76招

弱化孩子的依赖心理

陋习点评 ▶▶

孩子在成长过程中，需要一个合理的依赖过程，但竞争激烈的社会需要有创造性、独立性的人才。过于依赖别人的孩子会不知所措，如果没有依赖的对象，就无法前进。当他长大进入竞争激烈的社会，他将很难适应新的环境，不能做出改变。依赖性的产生往往与家庭环境和家庭教育密切相关。因为父母溺爱和照顾孩子太多，他们很容易在成长的过程中失去独立做事的能力，变得依赖性很强。为了解决孩子过度依赖的问题，首先需要改变父母对家庭教育的看法。

教法随想 ▶▶

父母从自己做起。如果父母平时粗心大意，家里乱作一团，在这种环境中长大的孩子也很难养成良好的习惯。双方应建立监督机制，家长应该监督孩子的用品是否齐全，同时也让孩子监督自己。

改变孩子的依赖性。首先，我们必须消除孩子的依赖源，即父母和长辈。当一个孩子没有什么可以依靠的时候，他自然会变得独立。当然，这个过程的开始实施会遇到很多麻烦，因此，父母需要有一个清晰的态度，不要因孩子的哭泣所动摇；当孩子开始尝试管理自己的事情，即使他做得不好，你不应该嘲笑他或打他，应鼓励孩子，给予肯定，让他继续努力坚持下去。孩子的依赖心理不是一两天就能培养出来的，父母的坚持是很重要的，这对孩子的一生会有很大的好处。减少孩子们的依赖性和加强他们的自我管理习惯的最大秘诀是：没有替代品。

为孩子制定规则，改善生活体系。父母应该教导孩子把他们自己的东西放在一个固定的地方，这样他们就可以很容易地处理。

事例解读 ▶▶

"对于一个13岁的孩子来说，最大的问题是他没有很好的时间意识。他经常忘记事情，父母不得不一次又一次地提醒他，然而，孩子不能总是依靠父母的提醒。"一位母亲谈到了她的烦恼。

据心理学家介绍，这位家长反映的问题并不是现代家庭中的个别现象，因为现在独生子女较多，家长对他们百依百顺，所以依赖心理比较重。一些家长甚至情绪激动地说："现在需要担心孩子的事情太多了。孩子们总是粗心和不整洁，这使父母很担心。哪像我们小时候，父母没有时间管我们，只能自食其力。尽管有这些抱怨，一旦小公主或小皇帝出去，父母不得不跟随他们的孩子，带着书包、水瓶，并时不时地给出一些建议。他们不知道，有时候孩子的小问题是父母惯出来的。"

从理论上讲，独生子女的父母欣赏"艰苦"教育。但在现实生活中，他们习惯用"翅膀"把孩子抱在怀里，不愿意让他们遭受一点委屈，经过一点风雨后，一切都安排好了，反而导致了孩子产生依赖心理。

第 77 招

让孩子认识真正的社会

陋习点评 ▶▶

　　每个孩子最终都会迈入社会，成为社会这个大集体的一份子。真正的社会，远比孩子想象中的复杂，人心也更难估测。因此，作为父母，在孩子还没有进入社会之前，未必要以掩盖的方式不让孩子过早看到社会的真实面貌。凡事都具有两面性，有好的一面，也有不好的一面。父母无需只向孩子展示好的、积极的、充满正能量的一面，也要告诉他们社会中有些人是坏的、消极的、满身负能量的，让他们明白有好有坏，才是真正的社会。

　　了解社会的另一面，也是为了增强孩子的自我保护意识，避免自身受到伤害。在这一过程中，父母要做的只是传授恰当的方法，告诉孩子虽然社会有另一面，但他依然要选择做一个善良且充满爱心的人，因为阳光总会照亮每一个黑暗的角落。

教法随想 ▶▶

　　关于社会的另一面，无论是否谈及，它都是客观存在的，因此让孩子提前了解，也是很有必要的。

学龄前的孩子，年龄太小，他们此时更需要的是家长以及老师的看护和培育，所以在教育上可以避开这一层面，主要培养他们要有爱心、要善良等，当然，可以适当通过绘本或者寓言故事，甚至是游戏，来渗透出"社会的另一面，但正义终将战胜邪恶"的主题。

当孩子进入小学之后，也不用着急地向他们灌输这一切。学校有计划性地教育，或多或少都会涉及这方面。父母可以留心观察，看孩子在面对人和事时的态度，加以引导，如果孩子不主动询问，也无需主动提及。采用旁敲侧击的方式更容易被他们接受，他们也会在这个过程中明白是非黑白。

到了中学后，家长在这方面可以主动一些，毕竟这一阶段的孩子能更为主动地求知，他们也会从其他媒介获取各个方面的知识。比如新闻中有此类报道，父母就可以与孩子一起探讨，看看他们对此的看法，继而予以正确引导。

事例解读 ▶▶

曾有很多城市出现过"硬币测试"，即在闹市区的公交站附近放置一盒硬币，需要的人可以自行使用，但假若行人身上有硬币也随时可以放进去。经过一段时间的测试，有一些地方的硬币不但没有减少，反而增多了。受了这一测试的启发，河北省邯郸市邯山区实验小学的一名三年级学生，在父母的支持和鼓励下，用自己的700元零用钱策划了类似的公益活动。

他也把零花钱摆放在公交站附近，以供乘坐公交车的人用。当然，别人也一样可以把零钱放进去。他当时进行了5天的测试，分别在5个不同的公交站点。结果，钱变少了，剩下了450元左右。测试中，有的人并没有遵守一次只能拿两枚硬币的规定，甚至会一把抓走几十枚，现实让这名三年级的小学生有些伤心。

当然，我们不能断言社会上不守规则的人更多，但这个活动，让这个充满好奇心的小学生明白，社会上还是存在一些不守规则的人的。他用自己的行动，看到了社会的另一面。

第78招

灌输孩子的自我保护意识

陋习点评 ▶▶

在幼儿园，环境创设中虽然考虑了安全因素，但忽视了环境创设的教育因素。有些孩子感到不舒服的时候要么哭，要么什么也不说，而有些孩子喜欢从扶手上滑下来，或者在只剩两个方块的时候跳下去。

从这个角度来看，教师不仅有责任保护孩子的生命安全，也应该优化幼儿园环境对儿童进行初步的，最基本的安全指导和教育，逐步提高孩子们的预知危险的能力，消除危险和保护自己。

教法随想 ▶▶

到了紧要关头，相信你的直觉。父母不仅应该警告他们的孩子要小心从他们接触的人和事中获得不舒服的感觉，而且要倾听并鼓励他们谈论自己感到不舒服的人和事。

父母经常告诉他们的孩子，"不要和陌生人说话"。什么是陌生人？孩子并不能真正理解，如果孩子画一个陌生人的脸，他通常会画一个可怕的脸。事实上，想要侵犯孩子的人通常都装出一副友好的样子。根据调查，90%的犯罪嫌疑人是儿童认识的人。父母应该特别提醒孩子不要和异性一起去任何地方。

遇到困难找警察是最基本的常识，但这还不够。如果警察不在，孩子就不会向任何人求助。应该让孩子们知道，公园、商场、电影院等地方的工作人员也可以提供帮助，多一个机会，多一丝生存的希望。

要教会孩子用智慧与侵略者做斗争。不要教孩子如何用拳头和脚去打侵略者，教会孩子做些事情来吸引周围人的注意，引起旁观者的注意，争取救援时机。

事例解读 ▶▶

姜亮出生时，他的父亲已经30多岁了，所以他的父亲非常宠爱他。他家附近有一条小河，孩子们夏天经常去玩。

一天，爸爸在电视上看到一则报道：在某个地方，一些孩子因为不会游泳，不幸被洪水淹死了。这时，父亲意识到要教孩子学习游泳，还要让孩子掌握基本的自救知识。

爸爸亲自带他到游泳馆，教他游泳，告诉他如何处理水中的各种紧急情况。在父亲的指导下，姜亮很快学会了游泳，一段时间后，他可以和朋友们一起玩。他在安全方面从未犯过任何错误。

要让孩子安全成长，最重要的是教会孩子学会保护自己，自觉树立安全意识。教他处理各种突发事件，学会珍惜生命。知道如何保护自己的孩子可以让自己免受伤害，即使他们的父母不在身边，他们能够辨别出社会中哪些现象是安全的，哪些是不安全的，他们会及时解决不利的情况。

第 79 招
自己的事让他们自己做

陋习点评 ▶▶

现在孩子在家都是小皇帝、小公主，几乎已经习惯了衣来伸手，饭来张口的生活，每天早上看到最多的是，家长背着书包送到教室门口，下午家长早早来接。孩子们也理所当然地认为这是父母应该做的。

有的孩子会自己背着书包去上学，但有的孩子仍然把书包交给家长拿着，转身就跑。也许父母经常有这样的习惯，认为自己是孩子的依靠，会非常积极地帮助孩子拎包带东西。其实这种做法更容易让孩子产生依赖性。随着时间的推移，很可能会养成更多的其他坏习惯。

教法随想 ▶▶

1.通过理解和观察，培养孩子做家务的意识

现在的孩子都是独生子女，是长辈的掌上明珠，在家里一切都由长辈负责，更不用说家务了，所以孩子们缺乏锻炼，养成了娇弱、懒惰的坏习惯。

针对这一情况，我们首先从培养孩子做家务的意识开始，我们要求孩子观察妈妈在家做的家务，慢慢地孩子知道在家里做什么家务，怎么做；其次，和

孩子们谈论家务的重要性，让他们意识到做家务的必要性。

2.创造良好的环境，培养孩子对家务劳动的兴趣

兴趣在每个人的学习过程中都扮演着非常重要的角色。幼儿园的教育要求教师培养幼儿的兴趣。首先，组织幼儿开展家务劳动教学活动，开展"小能人"等一系列活动，通过"小美食家""今天我值日"等游戏活动，有意识地培养幼儿的家务劳动能力。其次，让孩子在幼儿园里学习各种技能，在家里帮爸爸妈妈做些力所能及的事，让孩子体会劳动的快乐。

3.通过一天的生活活动，养成孩子做家务的习惯

培养孩子良好的持家习惯，要用适当的方法，循序渐进，不要太草率，不要要求孩子做很难的事。如吃完饭后，让孩子帮忙擦桌子、扫地、倒垃圾；午睡后，让孩子自己叠被子；放学后，让孩子和老师一起打扫教室等，让孩子养成爱劳动的习惯。

事例解读 ▶▶

我看见一个高年级的女生，她坐在路边，指着爸爸喊道："快点！如果你叫不到出租车，我又迟到了怎么办？"看她可怜的父亲，一只手拿着女儿的书包，一只手不停地挥着，满头大汗，不停地又跑又追……

如果孩子是一个有责任心的人，他就会明白：上学是自己的事情，父母没有义务为你做任何事情。每天早晨，当闹钟响起时，他应该立即起床，洗漱、吃饭，按时上学。如果刮风、下雨或下雪，他应该早一点走。这一切，孩子不能依靠爸爸妈妈，把责任交给爸爸妈妈，孩子应该知道"我是一名学生，上学是我的责任"！

如果孩子是一个有责任心的人，他会自己的事情自己做，不需要大人的帮忙。自己整理书包、书籍、玩具等物品，自己打扫房间、整理床铺。你应该经常对帮助你的父母说："这是我自己的事，我要自己做！"

第80招

告诉孩子要为自己的行为负责

陋习点评 ▶▶

作为父母，总希望自己的孩子听话、少犯错，但是在孩子的成长过程中，不可避免会犯错，父母能做的，是让孩子为自己所犯的错误付出一定的代价，从而认清自己错在哪里，避免再犯同样的错误。只有这样，孩子才能成长为一个敢于承认错误，并能主动承担责任的人。那么，如何才能让孩子为自己的行为负责呢？

教法随想 ▶▶

1.父母替孩子承担责任

许多父母不愿让孩子去承担自己的责任，偏偏喜欢替孩子包办一切。父母爱自己的孩子无可厚非，但不能事事都替孩子做。对孩子的任何要求都不拒绝，从而，孩子就更依赖父母，自然就不知道如何去承担责任。

2.没有给孩子独立做事的机会

当孩子有了"我愿意做、我会做"的意愿时，正是孩子独立意识和自信态度表现的萌芽，如果家长在这时拒绝孩子，凡事都代替孩子，等同于扼杀了孩子独立做事的机会，这就好像是孩子掉进了父母设置的"温柔陷阱"里，让孩子连动手试错的机会都没有，如何谈为自己的行为负责？

事例解读 ▶▶

安姐的孩子，一个学期弄丢了8顶小黄帽。安姐对此很伤脑筋，于是求助了一位研究青少年问题的专家。

专家问："是不是孩子弄丢一顶你就给他买一顶？"

安姐说："是这样的。"

专家说："这就是问题的关键，丢了马上就会有新的，他没有一点压力，下次怎么能不丢呢？"

专家给安姐出招："如果孩子再弄丢小黄帽，就让他自己去找。如果找不到，就让他光着脑袋去学校，老师因此批评他也是他自己的事情。要买新的，也让他自己用零用钱去买。没有零用钱，就取消他一个最喜欢的项目。这样孩子才知道犯错要自己承担后果。"

安姐按照专家的话去做，结果孩子再也没有丢过小黄帽。

专家的方法实际上是一种自然惩罚法。自然惩罚法是指在孩子犯错后，不用语言批评，只需让孩子为自己的错误买单就可以了。

北京有一个初中生，在一次"我有什么责任"的主题班会活动后，他开始思考这个以前很少去想的问题。是啊，以前上学迟到我总是责怪父母，怪妈妈没有叫我起床；作业出现错误，怪爸爸没有给我检查，实际上，最应该怪的人是自己啊！从此之后，这个孩子经常用"我有什么责任"来提醒自己，当他考试失利时，他不再责怪父亲没有辅导自己，不再责怪老师偏心，不再责怪妈妈没有让他吃饱早饭，只会责怪自己没有好好复习，考试时过于粗心等。从此，这个孩子的学习成绩慢慢提高了，做事的意志力也得到了加强。

事实正是如此，孩子只有学会了对自己的事情负责，才能逐步发展为对家庭、对他人、对社会负责的人。

第九章　培养孩子良好的学习习惯

第81招

让孩子养成自学习惯

陋习点评 ▶▶

很多父母认为，让孩子养成自学的习惯是很困难的，因为他们的自控力差，缺乏自律性，天性好动，脑子里充满着稀奇古怪的问题，试想：这样的孩子如何能安下心来养成自学的习惯呢？于是，家长也以自己的判断作为标准，断言孩子是无法养成自学的习惯的，不如让他们"解放天性"，想怎么玩就怎么玩，等到该学习的时候自然就学了。

懒散的教育观念有一定的可取之处，但过度的放手只会让孩子的心更野，更无法安稳心绪。那么，内心焦急又充满疑惑的父母，如何才能让孩子养成自学的习惯呢？

教法随想 ▶▶

父母放手，让孩子自己学习。通常父母过多地参与孩子的学习，让他觉得学习是为了父母，当他们有这样的想法时，学习的动力就会降低。父母必须相信他们的孩子是聪明的，让他独立面对必须要面对的。适时的放手，也会给孩子自我调整、自我管理和成长的机会。

激发兴趣，让孩子主动学习。兴趣是最好的老师，孩子一旦对学习产生兴趣，就会主动学习，完成自己该完成的"工作"了。孩子对学习的概念模糊，父母要正确引导，并辅以适当的鼓励，告诉他们学习是提升自我、完善自我、超越自我的过程，简单点说，通过学习，可以更加了解千变万化的世界。

利用好奇心，让孩子爱上学习。孩子对一切都充满好奇心，也会不住地询问父母他想知道的每件事，父母解答时要有耐心并带些幽默感，让孩子体会到学习知识是有趣的。

事例解读 ▶▶

文文每天都会学习英语，而从她第一天开始学习起，妈妈都会陪着她一起学习，从晚上7点到9点，两个小时，雷打不动。大约一年之后，文文的妈妈因为忙于工作，晚上也要把工作带回家做。

这天晚上，文文走进卧室看到伏在桌子上的妈妈，说："妈妈，你怎么没有坚持学习英语啊？"

"妈妈工作太忙了，不过，我觉得你自己完全有自学的能力了。"

的确，文文在这一年的时间里，几乎已经养成了自学的习惯，即便没有妈妈在身边，她也会按部就班，完成必须完成的部分。而在妈妈的鼓励下，她更有信心，之后鲜少外出，把更多的时间用在了自学上。

妈妈的陪伴以及恰当的鼓励，是文文养成自学习惯的必要前提。

第82招
诱发孩子的独立思考欲望

陋习点评 ▶▶

说到独立思考能力，对成年人来说都是比较困难的，更不用说孩子了。但锻炼孩子具备独立思考的能力，依旧刻不容缓。独立思考能力并不是很多家长所说的"多提问题"，那只会让孩子变成"十万个为什么"，可以通过自我分析，不受他人的影响，继而去做一些事情。

不少家长习惯性地让孩子"随大流"，也就是说别人做什么，就让孩子做什么，起码这样做不会出大错。可是，这种人云亦云的方式，却抹杀了孩子独立思考的能力，促使孩子遇到什么事都只会亦步亦趋地跟在别人身后，有麻烦了就求助于他人，丧失了自我解决问题的能力。所以，父母要锻炼孩子自己"拿主意"的本事，让他们具备独立思考的能力，这会让他们在日后的人生中阔步向前。

教法随想 ▶▶

任何一种能力的获取都是长期的过程，绝非像那"听君一席话，胜读十年书"的样子。那么，父母如何有意识培养孩子的独立思考能力，让他们喜欢上独立思考呢?

凡事多问一句"为什么"。这里的问,是自问,也就是自己大脑中要打个问号。父母要让孩子养成思考的习惯,首先要让他们对一切充满"疑问",而后自己去思考、去琢磨、去参悟,父母不要总是直接给出答案。比如尝试问问孩子水的作用是什么,看看他们是如何回答的。

适当的"辩论"。可以和孩子一起观看辩论比赛,先告诉孩子每一方的观点,让孩子理解,之后在看的过程中,适当向孩子发问,以此刺激他主动思考。再则,可以就某一个简单话题与孩子展开辩论,不管孩子说的对与错,起码在参与的过程中,他始终保持着思考的状态。等结束后,再予以纠正。

通过讲故事做总结。培养独立思考的方式不一而足,讲故事是比较简单且有效的一种方式。在讲故事的过程中,父母针对情节、人物等提出问题,让孩子思考后解答。故事结束后,可以让孩子自编类似的故事或者讲讲心得,这都能有效地刺激他们去主动思考。

事例解读 ▶▶▶

吕亮的爸爸很注重对儿子独立思考能力的培养,他知道儿子喜欢听故事,就利用故事来刺激儿子多多思考。通常,他都是把故事的开头和过程描述的很详细,绘声绘色,但就是不讲结局,每次都让儿子自己补充。

比如,讲述《熊爷爷历险记》,会把熊爷爷如何闯过一个个关卡讲得扣人心弦,急得吕亮每次都大叫"熊爷爷快跑!""坏蛋在你后面!"但马上要结束时就会戛然而止,问吕亮:"儿子,你觉得熊爷爷会怎么样?"每到这时,吕亮都会学着爸爸的样子,绘声绘色地编出一个自己期望的结局。之后,爸爸会把书上的结局讲出来让吕亮对比,偶尔,爸爸发现儿子所编的结局更为出色,比故事书中的还要好。吕亮就在这种方式下逐步提升着独立思考能力。

正确看待孩子的奇思妙想

陋习点评 ▶▶

我们经常看到一个孩子蹲在路边，盯着地面，好像他在看什么神奇的东西，其实他可能只是在看一只虫子，或者水沟里的水。一开始，父母很可能会让孩子看，不去注意，过了一会儿，就会对孩子说："看够了吗？好啦，别看了。"

即使在家庭中，许多父母也会做同样的事情，当孩子专注于自己的某件事时，父母为了快速将他们的思路和注意力拉到自己这边，多会说出"休息吧"来引诱孩子。有时候，也许孩子正沉浸在自己奇妙又广阔无垠的世界里，父母的"诱惑"会打断孩子的思绪。

还有些时候，孩子会看着天空，发出各种各样的疑问，父母多半以为小孩子乱说，便只是敷衍几句，但孩子大多是在思考某些关联的事情才会发出疑问的。因而，父母要多加留心，听一听孩子的心声，也许会有意外的惊喜发现。

教法随想 ▶▶

大多数时候，孩子的问题往往隐藏在他独特的想法后面。尊重孩子的问题，欣赏他的奇思妙想往往能让他做更多有创意的事情。

许多伟大的发明创造最初都是由于所谓异想天开而成为可能的。因此，父母不应该因为孩子异想天开的想法而责骂他，而应该鼓励他大胆联想，表达他的独立意见，并引导他把想法付诸实践。

一些父母责骂他们的孩子，因为他们认为他们奇怪的想法是无稽之谈。这样，孩子的创新意识被扼杀在摇篮里，不利于孩子未来创新思维的发展。

因此，父母应该鼓励孩子用自己的想法做一些不寻常的事情，只要它不是危险或是消极的行为。即使你的孩子的行为被其他人忽视了，你也应该做出积极的评价，引导他继续思考，并找到改进的方法。只有这样，孩子才能够破土而出，走出想象，创造性的幼苗才能得到保护，茁壮成长。

在日常生活中，孩子们可能会因为无心的错误而发现生活更美好。如果能及时提醒孩子们发展他们的思维和创造力，他们会对事物更加热情和感兴趣。

儿童的想象力和创造力需要成年人的引导和探索。家长首先应该有一双善于发现"美"和"潜力"的眼睛，然后用欣赏的目光鼓励他们。当你的孩子遇到困难和阻力时，用你的智慧给孩子适当的指导，让他学会用更巧妙、更有创意的方法去解决阻力。

事例解读 ▶▶

我的女儿格格也是个问题箱，有一次，我带她去银行。排队的时候，格格突然问我："妈妈，那是医生吗？"我环顾四周，四周似乎没有医生。再看一遍，发现窗户里有一个工作人员，穿着一件白衬衫，猜想格格说的应该就是他。格格以前去过医院，知道医生穿白大褂，她会把穿白大褂的人误认为医生。然后我告诉她："那个叔叔不是医生，他只是穿着白色的衣服。生活中很多人都穿白色的衣服。"格格听后高兴地对我说："我知道，不是所有穿白色衣服的人都是医生。"

过了一会儿，格格突然说："妈妈，叔叔被锁起来了，你觉得应该怎么办？"我先是吃了一惊，然后很快发现她指的是同一名身穿白衬衫的工作人员，他在一扇玻璃窗里工作，看上去确实像是被锁起来了。我想了一会儿，告诉格格："叔叔没有被关起来，这是他的办公室。"格格显然不同意我的看法，大声说："叔叔被锁起来了，因为他不能出来。我们冲进去救他好吗？""叔叔在里面工作，我们不能进去打扰他。"我告诉格格，但是她没有听。她咕哝着："我该怎么办呢？叔叔被关起来了。"正当我竭力解释时，工作人员走了出来。我趁机对她说："看，叔叔已经出来了，他没有被关起来。"格格才终于明白。

孩子们经常会有一些奇怪的想法，这些想法可能看起来很可笑，但它是孩子创造性思维的反映。父母应该鼓励和欣赏孩子的奇思妙想，引导他按照自己的想法去尝试。

让孩子拓宽视野

陋习点评 ▶▶

　　父母都希望自己的孩子是见多识广的，单从字面理解，见多，即看到的东西要多。那么，作为父母的你，真的同意，或者说放心自己的孩子"见多"吗？见多，意味着要频繁地接触外面的世界，可很多父母又十分矛盾，因为他们怕孩子出去遇到坏人、害怕交通安全问题……总之，他们有无数的害怕要去设想，于是，他们宁可把孩子圈在家里吃零食、看电视……

　　拓宽孩子的视野，虽然不见得一定要外出，可外出却是让孩子接受最新奇、最直观的事物的最佳方式。那么，除了外出看世界，还有哪些能让孩子拓宽视野、增长见识的方式呢？

教法随想 ▶▶

　　旅行。父母可以定期带孩子去旅行，增长见闻。旅行不应该只是随意地吃喝玩乐，而应该静下心来体验当地风土人情，引领孩子通往不同文化的道路。孩子看得多，经历得多，视野自然开阔，心灵自然开阔。

　　每周读一本新书。阅读是一种好习惯，从中我们可以体会到知识的力量，它可以开阔我们的思想，尤其是当我们遇到挫折和困难时，我们可以从书中领会到别人如何解决困难。父母应该帮助孩子选择新书，每周读1~2本。

关注更多的事情。中学生不仅要关心学习上面的事情，还应该关心身边的一些时事政治新闻。父母可以为孩子读报纸，让他们知道最新的事件，然后征求他们的意见。在这样的交流中，孩子们可以得到锻炼。

结交朋友。要打开孩子的思维，也有必要让他与同龄人打交道，父母不应该害怕他结交到坏朋友而把孩子关起来。这只会适得其反。应该鼓励孩子交朋友，通过沟通，孩子会把事情想得更全面，想法也会逐渐开放。

事例解读 ▶▶

张女士为了让孩子有个轻松的暑假，这个假期没有给孩子报任何辅导班，但张女士发现孩子在家里除了吃饭、睡觉，其余的时间不是玩电脑就是玩手机。除了玩网络游戏，还一直和同学们聊微信。生活变得很不规律，早上睡到10点才起床，一日三餐是混乱的，在家里每天玩电脑，大人不在家，没有人监督，电脑已成为最好的"合作伙伴"，和同学聊天，玩网络游戏，看电影，听音乐……一台电脑和他一起过夏天。

孩子们也有很多苦恼，他们也表示"无奈和无聊"，"假期基本上都是自己一个人在家，只能写作业或睡觉来打发时间，像"监狱"一样，真的很期待可以自由啊。"许多孩子抱怨说："我们不能自己做决定。我不想自己一个人在家。"学生小柯说："我希望我的父母能在假期和我一起玩，或者我可以有其他小伙伴在社区里自由玩耍。"

孩子们在放假的时候，一些家长认为孩子假期待在家里是安全的，但他们没有意识到，在温和的家庭"监狱"的保护下，待在家里的孩子正在错过成长和与同龄人交往的机会。如今现在的孩子与同伴交往的机会越来越少，假期是一个很好的机会来提高孩子的同伴意识，家长应该让孩子与同龄人一起玩，同龄人的交流会更好地培养健康的心理。

第85招

激活孩子探知世界的好奇心

陌习点评 ▶▶

动画片、零食、玩具，似乎早已成为当今孩子的三大法宝，除此之外的一切似乎都很难走进他们的内心世界。父母有时也乐得这样做，有了这三大法宝，自己就可以随心所欲地刷手机了。显而易见，这是对孩子不负责任的表现。

孩子对周围的一切都充满好奇心，这种好奇心是他们探索世界的原动力，父母要予以保护，决不能弃之不顾，而那三大法宝，并不是激活孩子探知世界好奇心的最佳媒介，父母才是。

教法随想 ▶▶

爱因斯坦曾说过，"我们思想的发展，在某种意义上常常来源于好奇心"。一个人对事物好奇，才会产生思考，因为思考才会有意外的收获。孩子也是一样，因此父母保护孩子初始的好奇心，可以尝试下面的做法。

第一，换位思考，站在孩子的角度看问题。大多数孩子都会"脑洞大开"，要是以成人的视角去看，恐怕都是"胡言乱语"。比如，孩子会问："为什么我不能像鸟一样飞呢？"父母可以顺着孩子的思维，这样回答："宝宝，你完全可以像鸟一样飞翔，等你长大后，好好学习，当一名飞行员，那样就可以驾驶飞机在天空中飞翔啦！"

第二，适当给孩子提问题。孩子的问题多如繁星，父母也可以依样画葫芦，比如问孩子："你知道为什么灯会亮吗？"随之给出解答，并同时传授一些相关知识，更能有效地激发孩子的好奇心。

第三，保护孩子的好奇心。当孩子问一次两次"傻问题"，父母可能还有耐心解答，可每时每刻都冒出"不着边际"的问题，父母可能就疲于应对了，有意无意地可能会甩出一句"我不知道"或者"哪来那么多的问题"，久而久之，孩子会惧怕询问父母，探索世界的好奇心也就随之消失了。

事例解读 ▶▶

一天，牛牛和妈妈一起到公园玩，天气晴好，牛牛愉快地跑跳着，嘴里还哼着歌。突然，他大喊了一声："哎呀！这是什么虫子？"牛牛蹲在地上，面前是一只黑灰色的天牛。牛牛胆子很大，小心翼翼地把它拿了起来，为了不被咬到，特地用拇指和食指掐着天牛的身体两侧。

妈妈看到这一幕，不禁吓了一跳，忙说："牛牛，快把它扔掉，咬到你怎么办！"

"可是，妈妈，你看它……"

"快扔掉！"

"妈妈，我……"

"马上扔掉！"

牛牛没办法，只能把天牛放在地上，被妈妈拽到别的地方去了。

牛牛对天牛的好奇心戛然而止，被妈妈彻底抹杀了。或许，牛牛妈妈抹杀的是一个未来的昆虫学家也说不定。

第86招

教给孩子正确的学习方法

陋习点评 ▶▶

每年高考季都会涌现出"文科状元""理科状元",继而很多人都会首先断言：他们智商过人，比一般人更聪明。聪明是肯定的，但我们却忽视了他们好成绩背后的学习方法。每一个状元背后都有属于自己的一套学习方法，这也表明，每个孩子都是潜力股，都可以通过正确的学习方法获得自己期望的成绩。

不少父母总是一概而论，只把孩子的成绩归因于是否聪明和用功上，全然不知道学习方法的重要性，也并不觉得学习方法在提升孩子成绩上有推波助澜的作用。只是一味地要求孩子努力、努力、再努力。然而，当孩子找到适合自己的学习方法后，是可以事半功倍的。

教法随想 ▶▶

没有计划、死记硬背，堪称学习上的两大障碍，学习从来都应该是有条不紊的，法国著名心理学家贝尔纳说："良好的方法可使我们发挥天赋和才能，而拙劣的方法可能阻碍才能的发挥。"爱因斯坦也曾总结出成功的一般公式：A（成功）=X（艰苦劳动）+Y（正确方法）+Z（少空谈），由此可见学习方法的重要性。

下面是简单的学习方法，而每个孩子都有其自身特点，父母要针对孩子的特性找到最适合他们的路径。

预习。任何知识的学习都离不开预习，预习可以让孩子提前了解知识的要点，构成以及逻辑，对于接下来的学习会做到心中有数。

复习。在做习题和做作业之前，可以再复习一遍所学知识，把难点和重点加以区分，分别记忆。做习题时，可以标记出难点和重点是以什么样的形式呈现的。

提问。没有人可以一次性掌握初学知识，所以要让孩子养成在课堂或课后向老师提问的习惯，在老师讲课时，标出不懂的地方，及时向老师提问。

互助交流。鼓励孩子多与同学针对某一问题进行研究、探讨，因为同一问题会有不同的解答方法，也就意味着孩子可以接触到不同的思维，继而举一反三，触类旁通。

事例解读 ▶▶

有一位十分焦急的妈妈，曾去教育心理学机构请教专家，因为她发现自己已经使出浑身解数了，可孩子的成绩依旧没什么提升的迹象，绞尽脑汁，也不知道问题到底出在哪儿。而她为了让孩子有更好的学习条件，这位妈妈在孩子很小的时候就配备了各种学习用具——钢琴、电脑、家教，而且孩子也十分用功，时常看书到深夜。

专家在具体了解了孩子的学习情况后，给了这位妈妈明确的答案：孩子的学习方法不对。比如，从不预习，新学的知识只在课堂上消化，遇到不会的问题只会"埋头苦干"，自己去抠题，不懂得提问，而且孩子还曾告诉妈妈，他并不喜欢他们的数学老师。学生不喜欢老师，这门学科又怎么能学好呢？专家针对这些情况为这个孩子制定了学习计划，3个月后，孩子的成绩有了明显的提升，这就是学习方法的意义和作用。

第87招

始终关注孩子的学习兴趣

陌习点评 ▶▶

很多父母都渴望他们的孩子掌握多种技能，有一个光明的未来。但是很多时候父母并不考虑孩子的兴趣爱好，而是把一切都一股脑儿地塞给孩子，有时甚至是随大流，流行什么就让孩子学什么，美其名曰"艺多不压身"。

孩子在父母的安排下被动地接受，孩子的特长没有得到发挥，使孩子厌倦学习，这种情绪发泄到其他学科，这对孩子的成长是非常有害的。

当然，家长对孩子的兴趣爱好是不能忽视的，要给予适当的指导和帮助。如果孩子沉浸在一种爱好中，影响了正常的学习和生活，父母仍应给予一定的干预，教孩子处理好两者之间的关系，合理安排时间，但要以一种孩子能接受的方式，绝不能简单地停止。

兴趣是孩子获得知识的最大力量，父母不尊重孩子的兴趣，盲目地为孩子选择兴趣班，很可能扼杀孩子的真正兴趣，所以父母应该尊重每个孩子的兴趣。值得注意的是，一旦家长发现孩子的"兴趣苗"从地里长出来，一定要细心呵护，不要让它因为"杂草"的浸没而枯萎。

教法随想 ▶▶

首先，我们应该提高孩子们的学习兴趣。有些家长可能会有这样的感受：让孩子学习，孩子却更容易被电视、电脑等电子产品所吸引，这是孩子内心的兴趣所在。

通过对学习内容的扩充和延伸，提高幼儿的兴趣，如对课外书籍内容的补充，幼儿动手制作与学习有关的内容。当孩子感兴趣时，学习效率会提高，有效学习时间也会自然增加。

其次，增加孩子对学习的注意力。孩子的注意力水平是学习的"基本技能"。

一些家长总是抱怨他们的孩子注意力不集中，在阅读一段时间后变得心烦意乱。一些儿童对学习的专注程度在不同的学科、不同的时期表现出不同的特点。

父母应该根据孩子的年龄和注意力特点，科学地安排他们的学习时间，他们也可以使用一些科学的方法来提高孩子的注意力。

最后，家长也应该注意为孩子选择合适的学习内容。一般来说，内容过于简单往往容易导致孩子对学习的重视、投入程度不够；过于深奥的内容会使孩子失去信心。

在学习期间，也尽量选择精力充沛、注意力集中的时间段。午饭后，上床睡觉前，孩子的精力不够，学习应该尽量避免这些时间段。在学习内容上，有必要选择一些孩子可以通过努力完成的困难任务，以保证孩子学习的有效性和效率。

事例解读 ▶▶

我6岁的侄子每天没有时间玩，因为他要去各种补习班。昨天，一向听话的侄子突然抗议道："妈妈，你能不能不要给我上那么多课，我太累了，而且编程、奥数课我一点也不喜欢。"表哥也在旁边说："看你把孩子都逼成什么样了。"嫂子直接歇斯底里地说："我花那么多钱，是为了谁啊！一切都是为了让孩子长大后有一个好的事业，好的修养。"他们为此争吵了很长时间，但他们都忽略了小侄子的想法。

现在许多父母见面时会互相问："报了哪些课外班啊？"怕孩子落后，花了那么多钱，报了那么多兴趣班，真的对孩子的未来负责吗？许多父母希望他们的孩子成为多面手。其实最重要的是激发孩子的内在潜能，看孩子适合什么，喜欢什么。然后，在一个区域深入挖掘。如果孩子真的喜欢，也有这方面的天赋，只是因为遇到困难被拖延，父母要鼓励孩子坚持，帮助孩子度过困难时期。因此，报兴趣班，也是通过试镜来选择的过程，孩子不大可能有那么多精力，把每一个兴趣都发挥到极致。最后坚持自己真正喜欢的，并愿意付出努力去学习的。

第88招

不以成绩论英雄

陋习点评 ▶▶

"分分分,学生的命根",这是一句早已流传很久的"笑谈",可又很真实地反映出学生对成绩的看重。于是,父母也一样把成绩看成了衡量一个孩子是否优秀的唯一标准。他们开始催促孩子学习,为孩子报各种补习班,一心希望孩子能考出理想成绩。这本是无可厚非的,但只看成绩不看其他,就不正常了。

成功人士并不都是成绩最好的,父母除了看孩子的成绩,更要从孩子的实际情况出发,多方面培养孩子,不能动不动就呵斥、辱骂,要重视孩子的整体素质发展,淡化分数意识,不与别的孩子攀比,以此激励自己的孩子进步,这样有可能会适得其反。要尊重孩子的自尊心,不能将自己的意愿强加在孩子身上,一味地靠着"棍棒"要求孩子出成绩,最终除了伤了孩子,还有父母本身。

教法随想 ▶▶

父母不应该过分注重孩子的学习成绩,要注重孩子的个性发展。有很多这样的例子，某些学生在学校时有着突出的学习成绩，但走出校门，进入社会后却无法适应了，甚至到处碰壁；相反，有的学生在学校期间学习成绩不是太理想，却反而能更快地适应社会。这足以证明"不以成绩论英雄"这句话是完全说得通的。

每个孩子都是一块璞玉，经过细心打磨都会成为闪光的金子。只是，打磨的方式并不是千篇一律的，有的孩子是"圆形"的，有的"四方形"的，有的甚至是"五角形"或者"多边形"的，对待每一种形状，都应该有独特的方法。因而，注重个性的培养，意义远胜于只把目光放在成绩上。

每个孩子都有不同的特质，需要父母细心观察，有选择性地培养，这才是合格的父母，才能为社会培养出真正的人才，而不是如流水线一般，只会制造一模一样的"高分低能人"。培养孩子的身体素质、心理素质、交际能力、独立人格的意义，也一样远胜于对成绩的苛求。

事例解读 ▶▶

有一个小男孩，学习成绩不算太好，大概处于中等水平。在一次学校组织的活动中，这个小男孩却表现出了非比寻常的一面，他的幽默感逗得其他学生和家长笑成一片，为这次活动增色不少。结束时，家长们都说这是一个优秀的小男孩，但他们并不知道他的成绩。

还有一个小女孩，学习成绩比较差，一天放学后大家都走了，可是没有人锁门，这个小女孩留意到了，就去锁门，可门锁坏掉了，于是她用自己的零用钱买了新锁，再折返回学校锁门。

这两个例子中的孩子，成绩都不是出类拔萃的，但他们身上却有成绩所无法比拟的个人特质，这才是最难能可贵的。

第89招

带孩子出去玩耍

陋习点评 ▶▶

说到"学习"二字，很多父母脑海里蹦出的孩子形象是：伏在书桌上，带着一副眼镜，全神贯注地写作业，旁边是一摞摞的学习资料……显然，这些父母对学习的刻板印象早已根深蒂固，于是不管是不是老师要求，他们都会给自己的孩子申报很多补习班，甚至就算一些补习班是不必要的，但看到其他孩子都去补习了，而自己的孩子却不去，似乎总是感觉自己的孩子落后于人了。

补习班造成了孩子更大的学习压力，他们开始厌倦学习，这又如何能达成父母希望出成绩的目的呢？

因此，"学习"二字并不只有那一种形象。家长不妨让孩子劳逸结合，也算是"放过自己"，化身孩子头，带着孩子一起出去玩，把学习嵌入到玩耍之中，做到玩中学，学中玩，这才可以说是学习的最高境界吧！

教法随想 ▶▶

"学"与"玩"从来都不是对立的，是可以相互结合在一起的。

孩子眼中的世界新鲜有趣又充满奥秘，一切事物对他们都有吸引力，父母要利用这一点，在孩子闪出无数个问号时做好解答，那将会让孩子的小脑袋里充满无限的知识。

偶尔去超市购买食物，或者去商场购买衣服、鞋子等，也一样可以很好地锻炼孩子。他们可以在这个过程中学会观察、选择、比对不同商品之间的差异性，也可以通过嗅觉和味觉分辨食物，满足好奇心。

还可以带着孩子一起骑车、乘坐公交车、地铁以及火车，感受不同的交通工具带来的不同感受。博物馆、电影院、动物园、植物园、农场……有太多的地方可以让孩子释放能量，他们可以从这些书本以外的地方学到更多的知识，接触更多、尝试更多、了解更多。父母在这个过程中要扮演好引导员的角色，让孩子在玩耍中潜移默化地学到知识。

事例解读 ▶▶

周洋是一名三年级的学生，学校放暑假时，爸爸带着他一起报了兴趣培训班。周洋报的是书法培训班，他希望通过书法练习，获得内心的平静。他的爸爸也一样报了成人班，并和儿子约定，暑假结束后两个人要"一较高下"。

周洋的爸爸妈妈都很赞成儿子在假期学习课本以外的知识，所以全力支持他报各种兴趣班，除了书法，父子俩还约定要在吉他和篮球上"一决胜负"。

有一些兴趣班最终之所以会变成孩子的噩梦，是因为父母从不参与其中，这里的参与，未必如周洋的爸爸那样，与孩子一起"疯"，而是通过关心、询问，或者辅助等侧面方式，让孩子觉得你也和他一样参与了进来，这更能为孩子提供坚持下来的动力。更重要的是，父母要成为孩子学习路上的灯塔，起到指引的作用。

第90招

训练孩子有计划地学习

陋习点评 ▶▶

"凡事预则立，不预则废"，要想做成任何事，没有计划断然不行。孩子的学习也是一样，家长若没有培养孩子养成有计划地学习的习惯，无论是他们的成绩还是人生，都不会光鲜。

拖拉、磨蹭几乎是孩子的通病，他们因为对时间缺乏观念，无法理解父母口中的"三分钟刷牙洗脸"到底是多长时间。父母又急于让孩子尽早养成好习惯，却没有找到最佳办法，于是父母越催促孩子，孩子越磨蹭；孩子越磨蹭，父母又越催促，从而陷入恶性循环之中，每天都是"鸡飞狗跳"。

计划是行动的指南，计划可以实现学习的高效性。父母要有计划地引导孩子形成自主学习的习惯，当孩子的脑海里有了一个"模式化"的行动准则，他们也就能按部就班，有条不紊地学习。那么，如何实现这一点呢？

教法随想 ▶▶

放开对孩子的保护。父母无需总想着为孩子的学习安排好一切，替代孩子去划分每个学习阶段和学习任务，只要积极引导，让孩子"上手"，他们会很自然地走上高效学习的道路。

把孩子的课程表放在房间显眼处。通过课程表，让孩子知道每天上什么课，根据这些，提前一天引导孩子复习旧内容、预习新内容，这样一来，孩子上课时就能抓住重点。

列出孩子放学后的时间表。让孩子知道每天都有任务要做，并让他们知道哪些是必须要做的，绝不讲任何条件；而哪些是可以进行协商的。

合理的学习计划。孩子平时成绩一般，但父母要是刻意专注于孩子奥数的训练，难免强人所难。因此，制定计划要实事求是，目标不要太高，也不能太低，既让孩子通过努力可以实现，又可以稳步提升，以免无法达成而打退堂鼓。

另外，如果去旅行，也要提前告诉孩子，与孩子一起协商改变他的学习计划，不要让孩子们在玩的时候忘记学习。

要让孩子在学习总结计划的基础上，做一天的总结，一周的总结，一个月的总结。这将帮助孩子填补空白，也将促进孩子的进步。

一些不适合孩子生活或学习的计划应该及时删除，突发情况应适时做出改变。假期不要给孩子太多的学习任务。

事例解读 ▶▶

魏明在班级的学习成绩很差，几乎倒数，很多同学都不喜欢他，加上他特别调皮捣蛋，老师也对他有些看法。这种现实，使得魏明每天在学校都有一种度日如年的感觉，每天上课都打不起精神，更别提进步了。为了不再"痛苦"，他想到了辍学，他把自己的想法告诉了妈妈。

妈妈心疼儿子，不希望他这么小的年纪就离开学校，于是帮他分析了他每门功课的具体情况，制定了新的学习计划。妈妈告诉他：每天进步一点点，长时间就会有很大的进步，不需要一下子就学到什么程度。

在妈妈的悉心引导下，魏明开始了有计划地学习，也不再排斥学习。

　　缺乏条理性、没有计划，几乎是所有孩子的"通病"，这是很自然的，不过家长若不加以引导，培养他们有计划地学习、生活，那么孩子在成长路上就会遇到很多障碍。

第十章　父母是孩子的人生导师

第91招
帮助孩子正确认识性别

陋习点评 ▶▶

在幼儿园，教师经常会遇到孩子性别的问题，但是面对这样的事情，一些教师并没有认真对待，也没有给予足够的重视；有些老师会比较极端，不给孩子解释的机会，只是一味地批评，没有及时给予指导，孩子在怀疑和尴尬中会逐渐产生不良情绪，造成心理上的苦恼。幼儿园，作为性教育启蒙的最佳地点，应该做一份教育计划在儿童的性教育情况，以确保儿童心理学正朝着健康的方向发展。

教法随想 ▶▶

1.父母应该成为孩子的榜样

家庭教育是孩子一生中最重要的教育。它为儿童生活的发展奠定了基础。父亲应该在孩子面前树立敢于承担责任的良好形象，母亲在孩子面前树立温柔体贴、做事周到的良好形象。此外，父母在生活中应自觉进行性别教育和引导。

2.为孩子选择高质量的课本和书籍

儿童教材和阅读材料的选择对儿童性别教育的发展起着至关重要的作用。

传统文化书籍讲的是男孩要勇敢正直，女孩要温柔善良，其实我们应该全面培养孩子的人格素质，女孩也可以勇敢正直，男孩也可以温柔善良。因此，教材的选择应注重促进儿童的认知和健康发展。

3.在幼儿园活动中认真设计幼儿游戏，注意游戏材料的发布

儿童可以尝试扮演多种角色，了解不同角色的特点，使他们对性别的认知更加多元化，不再是单一的，这有助于他们对性别有更全面的认识。

4.加强以家庭为基础的合作

家长与幼儿教师应达成一致的性别教育理念。双方应共同努力，在家庭教育和幼儿园教育中普及儿童性别认知，共同促进儿童性别教育的发展。

事例解读 ▶▶

月月和亮亮是一对双胞胎，两个孩子今年都3岁了，亮亮这几天总是问妈妈："我为什么站着小便，而妹妹要蹲下？""为什么母亲能生孩子而父亲不能？"直说，亮亮可能听不懂；试图向他解释可能适得其反。

我相信很多家长都遇到过上述问题。性别差异是每个孩子在小时候都会有疑问的问题。当我们问这个问题时，爸爸妈妈会告诉我们什么？当我们成为父母，我们应该如何回答这个问题？是沉默，还是慷慨地给孩子回答，相信很多家长都会被这个问题困扰。答案当然是要大方地回答孩子的问题，其中只要选择正确的语言和方法就可以。

第92招

及时发现孩子的细微变化

陋习点评 ▶▶

　　当孩子无理取闹时，父母往往感到无能为力和沮丧。这种挫败感不仅仅令父母失望，还会令父母担忧，担忧孩子的失败。所以，当孩子做一些不正常的行为时，表现出一些与平时不同的情绪变化，我们几乎崩溃的情绪淹没了理智，说了很多伤害孩子的话。然而，当我们表达焦虑和发脾气时，我们往往忽略了孩子的情绪变化和内心的心理需求。

　　很多时候，孩子并没有出现无缘无故的情绪变化，他们的异常行为往往是一种焦躁不安的情绪，不知道如何表达自己的实际需要。在与母亲交流的过程中，母亲不理解自己的意思，他们会变得越来越焦虑，他们的行为会变得越来越不正常。

　　当孩子不听话或不正常时，不要忽视他们的情绪变化。试着认为孩子不是故意捣乱，而是有其他心理需要，只是不能很好地表达。只有关注孩子的情感变化，才能使我们的心变得柔软，以无尽的母爱和包容，使他们的情感逐渐回归稳定。

教法随想 ▶▶

　　在1岁到2岁半的时候，孩子模仿成年人是很常见的，因为在这个阶段他们没有能力说话。但是，就像溺水的人一样，他们热衷于接受各种各样的新鲜空气，任何事情都能引起他们的好奇心和模仿。在这个阶段，家长对孩子的教育尤为重要，给孩子读故事，如何与孩子沟通，可能你不明白他在说什么，但慢慢地你会发现孩子的语言功能在你的教导下能说出来时，相信父母会感到高兴，我想，这也许是生命中最快乐的时刻，孩子成长的第一阶段——语言模式。

　　当孩子们意识到自己的"领地"后，大多数孩子都喜欢在小世界里玩耍。尤其是在两三岁的时候，对每一个父母来说，这是最痛苦的时候，因为这个时期的孩子是最吵的，但孩子还很小，不小心撞到哪里，都让父母感到心疼。此时的孩子们才刚刚开始对以自我为中心的"小天地"的现实世界进行小小的测量。给自己的小世界设定小秩序。例如，有爸爸、妈妈、爷爷、奶奶，小熊、小狗，甚至还有自己的小玩具"金刚"。他喜欢为他接触的物体找到"主人"，不喜欢在熟悉的环境中发生变化。父母不必担心太多，这是第二阶段的儿童成长——订单定义。

　　3~6岁的孩子将面临学习知识的阶段，但每个孩子的表现不同，有些孩子对学习感兴趣，但有些孩子看到书本就会变得烦躁，这个时候需要父母的帮助。当然，我不推荐强迫孩子学习，家长应该说些让孩子们感兴趣的话题，可以通过动画的形式保持儿童对汉字的兴趣，和孩子玩一些游戏，这个时候一定要有耐心，一定要经常表扬孩子，甚至可以给一些小小的奖励来鼓励孩子好好学习。确保你的孩子养成良好的阅读习惯。这是父母在孩子成长过程中面临的第三个阶段——识字分水岭。

　　在3岁半到5岁半的时候，孩子们对小事情有一些非常敏感的感觉。例如，经常会盯着猫看很长时间，或者看着蚂蚁在地上爬，或者看着树根茎上的叶子发呆，这时候孩子的大脑是不思考的，思考的时候经常会有一些跳跃性反转。父母不应该惊讶于孩子经常是在发呆或胡言乱语，这是孩子自己的世界。而这段时间正是培养孩子细心观察事物，培养孩子好奇心的好时机。带孩子出去了解世界，引导他们了解世界，提高他们的探索能力。孩子未来对培养能力的观察和探索是非常有益的。这是孩子成长的第四个阶段——好奇阶段。

一般的孩子，在1岁半到4岁之间，会经历一个敏感的自我意识时期，在这个时期，他们会变得有自我意识，并用他们的行为来区分"我的"和"你的"。"我的"或"我最喜欢的"东西甚至是通过击打、咬等方式来维持或获得的。这时，爸爸妈妈一定不要强迫孩子分享，孩子出现攻击性行为时一定要制止，不要批评或指责孩子粗暴，给予孩子宽容。这是一个孩子自我形成的过程，这对孩子日后形成坚强的个性、独立的见解和能力非常重要。这是儿童发展的第五个阶段——自我意识阶段。

事例解读 ▶▶

玲玲和苗苗都上二年级。她们的表现和成绩都很优秀，深受老师们的喜爱。在德育课上，老师对全班同学说："现在我们是二年级的学生了，在家里要学会帮助爸爸妈妈做一些力所能及的事情，要学会照顾好自己的父母。"两个孩子都暗自决定回家帮妈妈做些家务，给父母一个惊喜。

玲玲回家自己洗袜子，但是她不小心把热水瓶都打翻了。玲玲吓得哭了起来。哭声引起了妈妈的注意。玲玲的妈妈看到客厅里的水，知道玲玲打破了热水瓶，她也吓坏了，急忙跑到玲玲身边，扶起玲玲焦急地问："有被烫伤吗？别哭了，我们去医院。"玲玲看到妈妈没有责怪她，连忙停止哭泣，对妈妈说："我没有烫伤。"这时妈妈亲切地问玲玲发生了什么事。玲玲把她的想法告诉了她妈妈。妈妈听后很感动，对玲玲说："你是个好孩子也慢慢长大了，学会了自己做事情。水瓶坏了不要紧，妈妈会买新的。但是，当你以后做某事时，你必须小心，永远不要伤害自己。"玲玲听了妈妈宽容的话后，非常高兴地对妈妈说："以后我会小心的。"从那时起，玲玲学会了洗衣服、做饭和打扫房间。

　　苗苗放学回家给妈妈准备了一杯热茶，这样妈妈下班回家就可以喝上一杯茶解渴。苗苗一不小心，把水瓶掉到地上，幸好没有烫着，但是苗苗很害怕，担心妈妈会骂她，她拿起扫把准备打扫。妈妈一进门看到地上的水和碎片，马上骂起来："谁让你碰水瓶了，一个水瓶要10块钱，你这个败家子。"说完还打了苗苗一巴掌，一边打一边吼，苗苗委屈地哭了起来。从那时起，苗苗就不敢碰水瓶，有时想帮妈妈洗碗，但担心把碗打破，会惹妈妈不高兴，甚至挨打，只好不做任何家务。妈妈也经常对别人说，苗苗学习成绩很好，但不爱做家务，比玲玲差得多。

　　听完这个故事，我想你一定很有感触。鼓励孩子是父母对孩子有信心的标志。真正鼓励孩子的父母是非常善于接纳孩子的父母。有些父母经常拿别人的孩子和自己的孩子作比较，总是对自己的孩子说，看看别人的孩子有多好，有多优秀。父母想用这个来"刺激"孩子的进步，但没想到这样的"鼓励"越多，孩子对自己就越没有信心，自然就没有进步。鼓励，是孩子不断进步的动力。

第93招

理智对待孩子的叛逆

陋习点评 ▶▶

　　大多数孩子在三年级到六年级之间会经历叛逆期。在这个阶段，孩子有一定的独立思考能力，但思维不稳定，容易冲动，约束能力差。渴望被成年人尊重，渴望拥有自己的权利，同时不考虑自己的责任和义务。

　　在大人的眼里，孩子似乎变得不听话、无理取闹，甚至没有小时候那么可爱了。

　　在孩子的眼里，父母变得难以形容的讨厌、唠叨、独裁、不体谅人，甚至认为父母是愚蠢的，只爱发脾气、小题大做、大发雷霆，或者是喜怒无常，前一分钟还在生气，下一分钟就雨过天晴。

教法随想 ▶▶

　　第一，让孩子知道你是一个有原则的人。他必须遵守你制定的原则；如果他们不这样做，他们将受到惩罚。这些应该从小就开始实施，而且惩罚的轻重也会因违反规则的严重程度而异。必要的时候，让他吃些苦头吧。

　　第二，给孩子一些自主权，但同时规定他的应用范围。并将义务和责任与这些权利相匹配。例如，他可以自由地把零用钱控制在100元以内，但必须知道钱都花到哪里去了。除了每月的零用钱，他还被赋予了一些家庭责任，如支付水电费和煤气费。让他参与具体的家庭事务，而不是无所事事，只接受大家的关心和照顾。因此，他就能更好地理解父母的难处，理解父母的付出。

第三，注意沟通的方式。不要在远处演讲，不然你说什么都会被拒绝。在和他交谈之前，你应该注意场合和氛围，选择一个轻松安静的环境，用一种平和的方式交谈。集中注意力，谈话时间不应该太长，集中精力解决一两个问题，在谈话中，注意让孩子说话，听他的想法，最好让他充分表达，不要打断他。

事例解读 ▶▶

黄女士的女儿因为妈妈多次批评她而离家出走。黄女士知道后非常担心，因为女儿没带手机、没带钱，7天没有联系。女儿被找到后说，妈妈管她太严，让她不喜欢。黄女士表示以后会和女儿好好沟通。

我们要做的就是找方法，不要与孩子起正面冲突，每一个孩子我们应当允许他们犯错误，不要太约束孩子，犯错误有时可能是一件好事，可以让他们反思；不要给孩子太多的压力，注意劳逸结合，也许会更有效地提高孩子的学业成绩。

第94招
适当包容孩子的破坏性

陋习点评 ▶▶

　　儿童的情绪极易受影响，难以控制。如果孩子心情不好，不及时疏导，很容易发脾气。如果父母生气摔门、摔杯子，孩子很容易受到父母的影响，把"光荣传统"继承下来。

　　一般来说，我们可能对这种行为非常反感，问题是，我们没有严格检查我们的行为是否对我们的孩子有负面影响。有句谚语是这样说的："如果桌子是弯曲的，不要只是拍打表面，看看腿。"时不时地问问自己："我有没有做让孩子误解的事情？"有些事情我们不应该影响我们的孩子。

　　有的孩子看到别的孩子拿着玩具来玩，便故意弄坏别人的玩具。这种恶意破坏的行为只是儿童的一小部分，但对儿童的身心影响是非常大的。我们需要做的是坚决阻止孩子，并在适当的时候教会他换位思考。如果这种破坏行为没有及时制止，很可能会升级。

教法随想 ▶▶

　　第一，利用游戏材料转移破坏行为。《幼儿园教育指导方针（试行）》提出："为幼儿提供丰富的可操作材料，为每个幼儿都能使用各种感官探索提供条件。"由此可见，提供丰富的、可操作的材料可以引导儿童的"破坏性"行为，找到合适的"对象"，使儿童能够积极地与材料互动，进行各种动手动脑的活动。孩子们可以体验动手探索的乐趣，进一步获得丰富的知识和经验。

第二，认真执行任务，用责任感取代破坏。培根曾经说过："责任是世界上最珍贵的种子，它如果早播种在孩子的心里，就会收获一生的幸福。"责任是一个人能否立足于社会，在未来获得事业成功和家庭幸福的一个至关重要的人格品质。对孩子的成长负责，是一种特殊的营养，可以帮助孩子成长。同时，责任意识的培养可以防止破坏性行为的滋生。

第三，细心呵护，在破坏性行为中挖出求知的种子。幼儿时期是求知欲最旺盛的时期。苏霍姆林斯基曾经说过："求知欲，好奇心——这是人类永恒不变的特点。"作为一名教师，我认为我们必须认识到孩子求知的萌芽，珍惜他们求知的每一点表现。

事例解读 ▶▶

一位妈妈刚买了一块贵重的手表，就被淘气的儿子拆坏了，她非常生气，便把儿子狠狠地揍了一顿。后来，这位妈妈在教育家陶行知先生面前抱怨了这件事。陶先生连连摇头说："恐怕一个中国的'爱迪生'就这样被你抹杀了。"经过一番探讨，这位妈妈认识到错误，便向陶先生请教补救的办法。陶先生说："补救的办法还是有的，你可以和孩子一起把手表送到修表铺那里，请修表师傅修理，他要多少钱，就给多少钱，可条件是要你的孩子站在一旁看他如何修理，这样，修表铺变成了课堂，修表师傅成了老师，你的孩子既向他学到了关于表的一些知识，孩子的好奇心也得到了满足。"孩子搞破坏，绝不只是为了淘气，为了好玩，而是创造力的一种体现。孩子想知道表针为什么会有规律地不停转动，想了解录音机为什么能发出声响，想看看电视里藏着什么神奇的东西，所以才会做出在我们看来是"破坏性"的行为。制止这些行为等于扼杀孩子的创造力。如果我们总是有意无意地制止孩子的行为，就会将他的创造力扼杀在萌芽中。所以，我们要了解孩子行为背后的真正原因，看到他的真实需求，并将这种带有探索性的"破坏"行为引向更利于他发展的方向。

第95招

让孩子适当哭泣

陋习点评 ▶▶

当孩子哭时，我们的直观反映和表现是制止，于是脱口而出的大多是这样的话——"别哭了""你再哭，我不要你了，妈妈也不要你了"可每次孩子听到这样的话，反而会哭得更厉害。

很多时候孩子哭，是因为有诉求，无论是哭还是笑，都是一种情感的表达，也就是说，孩子正在表达。父母不分青红皂白，采用一刀切的方式，首先制止哭声，就等于孩子的话没说完就被打断一样。因而，当孩子哭时，父母不妨变成"纸巾"，只需守在他们身边为他们擦拭眼泪，等他们情绪稍微稳定，再找出孩子哭泣的原因，对症下药，这才能真正地解决问题。

教法随想 ▶▶

第一，哭泣是孩子生活的一部分。尤其对于比较幼小的孩子来说，可以锻炼肺活量和声带，提升呼吸道的防御力，从而不容易感冒。

第二，哭泣有益身体健康。孩子哭泣的时候，多半是因为焦虑、紧张、委屈以及不安等，哭泣是一种宣泄，当哭出来后，不良的情绪也会随之被释放，即眼泪中含有可以改变人类情绪的蛋白质，它能通过眼泪流出，继而将这种有害物质排出体外。所以说，适当地流泪对身体很有益处。

第三，哭泣有助于孩子视力发育。眼睛干涩会导致很多眼部问题，而眼泪则会润滑眼球，在角膜表面形成一层液体保护膜，从而让孩子拥有一双明亮的眼睛。我们也可以发现，几个月大的宝宝的眼睛是很光亮的，这也有泪眼的功劳。此外，眼泪还可以将细菌冲走，对眼睛有洗涤的作用。

事例解读 ▶▶

柳鲍娃夫妇有一儿一女。父母对儿子有些偏爱，每当儿子和他们产生矛盾或儿子有什么要求时，夫妻俩总是无条件地迁就他。久而久之，儿子越来越任性，一旦事情不是按照他的方式做的，或者他的要求没有得到满足时，他会习惯性地趴在地上号啕大哭，直到达到目的。

这天，儿子想在午餐前喝汤，但汤都是饭后才可以喝的。所以夫妻俩没有同意他的要求，他便故技重施，躺在地上大哭起来。以往，夫妻俩总是妥协，但这次他们不打算让孩子的坏习惯继续下去，所以彼此对视了一下，不理会儿子。

儿子依然在哭，同时继续喊着："我要汤！快给我。"可餐厅就只剩下他一个人了。他站起来看了看，也就停止了哭泣。又过了一会儿，他开始玩积木。当夫妻俩又进来时，儿子再次哭了。此时，父亲厉声说道："如果你再哭，我们就不跟你住在一起，把你一个人留在这里。"儿子见自己的招数不奏效了，也就沉默了，此后也不再试图用哭泣来达到目的。

第96招

正确看待孩子之间的争吵和打架

陋习点评 ▶▶

　　在孩子成长的路上，一定会与他人产生摩擦和矛盾，这种时候，那些爱与别人争执的孩子会与别人吵架，不懂克制自己的则会与别人打架，还有的孩子会利用拳头在同伴中树立威信，这些都是孩子缺乏社交技巧的表现。父母面对孩子与人争吵和打架时，也通常表现出两种反应：一种是息事宁人，采取"打不起躲得起"的方式；一种是以暴制暴，告诉孩子"别人打你，你要打回去"。严格地说，这两种反应都不全面，也都太极端。

　　那么，如何正确看待孩子之间的争吵和打架呢？在发生这种事情时要怎么做呢？

教法随想 ▶▶

　　争吵和打架，表明孩子与他人产生了意见或行为等方面的冲突，这是差异性的表现。当孩子与别人产生摩擦时，父母要询问清楚来龙去脉，如果孩子有错，他也会通过这样的摩擦明白自己的某些语言和行为并不被认可和接受，同时父母辅以正确引导，他们慢慢地就会学着用其他方式来表达。

此外，无论是争吵还是打架，都不是处理矛盾的最佳方式。父母要教导孩子用协商的口吻与他人交流，共同找出解决问题的办法。当然，适当的争吵是可以的，不同的思维只有碰撞在一起，才会产生火花。不过，要分清场合，比如在学习当中因为解题思路而产生的所谓"争吵"，反倒要积极鼓励，这是让孩子具备举一反三思维的好时机。

至于"打架"，父母也不必笃信"不打不相识"，毕竟在现代社会，这种方式并不提倡，而低幼的孩子通过"打架"方式得到锻炼的说辞，也未必站得住脚，毕竟身体素质的提升不只有"打架"一条路，父母要正确对待。

另外，也有的孩子惯于与他人发生矛盾，对于这样的孩子，父母要制定奖罚机制，一旦孩子越界，要毫不客气地给予惩罚，反之则要奖励，父母务必把握好尺度。

事例解读 ▶▶

珊珊和瑶瑶同住一个小区，两个小家伙经常在一起玩。这天，她们各自带着自己的一些玩具到楼下玩。不知怎么回事，她们突然吵了起来。

只听珊珊说："你真是羞，还抢我的玩具！"

瑶瑶不甘示弱："我没有抢，你的玩具在那里放着，我只是拿起来玩了一下。"

珊珊："我刚刚去喝水，把玩具放在地上，一回头就不见了，还说不是你抢的！"

瑶瑶："那是我的玩具，我想拿就拿，再说了，我又不是从你的手里拿过来的！"

珊珊："我们明明说好一起交换玩具玩，你说话不算话，再也不和你一起玩了！"说完，扭头就走。

"好啦，那我们一起玩吧？"瑶瑶的口气马上弱了下来。

珊珊哼哼着鼻子看着瑶瑶，想了想说："那好吧，我们看谁给娃娃装扮的更漂亮！"

"嗯！"就这样，两个小家伙又继续玩了起来。

有时候，孩子的争吵稍纵即逝，或者说，他们并不是真的在争吵，起码并不带有强烈的攻击性，因此，父母若在附近看到了，也不必马上制止，可以静观其变，没准他们自己就能解决。

第 97 招

生活需要点"冒险精神"

陋习点评 ▶▶

父母总是在保障孩子的安全和让孩子冒险之间犹豫徘徊，甚至为孩子排除一切风险。但我们要知道，成长是无人可替的，一个被禁锢在伞下看风景的孩子是不快乐的。

探索未知世界，险情处处存在。学习走路会有摔倒的危险，学习骑车会有摔伤的危险，如果我们怕孩子有危险，就不让孩子去"冒险"，孩子就会失去"冒险"精神，很容易墨守成规，不敢去体验陌生的事物。这样的孩子缺乏创造精神。在这样的教育环境下，孩子最终会成为碌碌无为的平庸之辈。

因此，父母必须要让孩子去"冒险"，让他们去体验陌生的事物。否则，孩子就永远不会驶出港口，驶向无边的大海。

教法随想 ▶▶

冒险精神不等于乱来。家长既不可以放纵孩子的不良习惯和不良行为，又不可以扼杀孩子的创造精神和冒险精神。对于那些违法犯罪的行为，有悖于社会公德的行为和损人利己的行为，要严厉批评、严加管束。而孩子对他自己的未知世界、未知领域的探索行为，则应予以鼓励、引导和支持。

激活孩子的冒险精神。孩子与大人对世界和社会的认知处于完全不同的两个层次。我们眼中不起眼的东西，在孩子眼中却十分新奇。在我们看来很正常的事情，在孩子心目中却充满了刺激。因此，父母在设置培养孩子冒险精神的通道时，应该先了解孩子的思维，换位思考，并循序渐进。

每个孩子生来都是一个敢于冒险的天才。父母的责任是应该多鼓励孩子冒险。你把孩子当天才，他才能成为天才。即使不是天才，一个相信自己是天才的孩子，也有着更高的自我期望值、更远大的理想、更充分的信心，并且敢于冒险，不怕失败！拥有这样的性格，即使最终不能有天才的表现，也能淋漓尽致地发挥自己的潜力。

事例解读 ▶▶

朋友梦妍有两个儿子，大儿子今年7岁，小儿子4岁。每当梦妍带着孩子们去游乐场玩时，总会遭到小心翼翼的爸爸在一旁说："那样太不安全了。"虽然他没有直接对梦妍说这些话，但梦妍能听出来他语气中的不赞同。

不过这完全没有影响到她的大儿子，他没有坐在椅子上荡秋千，而是顺着链子往上爬，他很专注，一次又一次地弯曲着膝盖往上爬，直到爬到最高点。

这时爸爸又嘟囔了一句："秋千也不是这样玩的啊！"梦妍礼貌地对他一笑，用眼神告诉他我一直关注着孩子的安全呢。

梦妍不会向他人解释放任孩子们玩耍的原因，毕竟她的两个儿子常常会做一些别人看起来很危险的动作。

梦妍的小儿子已经可以很熟练的骑着儿童脚踏车，而大儿子则喜欢"爬到高处再爬下去"的游戏。他们玩的很累却很开心，虽然都有些危险，但他们却完成得很好。

梦妍的教育理念是：充分信任孩子的自我判断能力和执行能力。

总要给他们足够的空间去尝试，去挑战，即使失败，他们也会站起来再试一次，直到成功为止。所以，让孩子们在父母的视线范围内冒险反而更能保证他们的安全。

第98招

在孩子面前有点"眼力见"

陋习点评 ▶▶

　　长期以来，父母总是教育孩子要有礼貌、待人和善、谦虚不骄傲……每每都希望孩子具备各种各样的优点，一旦孩子出了些岔子，有些父母不管是否在人前，劈头盖脸地就开始数落孩子，让孩子的自尊受到极大的伤害。换句话说，父母从不顾及孩子的脸面，从不给孩子"台阶"下。

　　这样说来，其实父母也要有点"眼力见"，在外人面前也要给孩子留有面子，保护好他们的自尊心，对于他们将来的成长也是有积极的作用的。

教法随想 ▶▶

　　孩子和成人一样需要得到尊重，他们也很在意在外人面前的个人形象。因此，父母要注意以下几点：

　　1.与孩子产生摩擦时，切忌教育他们

　　我们都有这样的体验，当与别人生气时，明知道别人是为自己好，可依然什么都听不进去。孩子也是一样，父母与孩子产生摩擦时，不要试图在这时候通过教育让他们明确是非曲直，他们也和生气时的你一样，除了生气别无其他。

2.情绪不稳时不要谈教育

当一个成年人连自己的情绪都无法掌控时，又何谈教育孩子呢？此时，孩子眼中的你如同洪水猛兽一般，除了令他们心生恐惧之外，你所说的一切都宛如"耳旁风"。

3.孩子正高兴时，切莫教育

成人的世界里，取得成绩的人都排斥"泼冷水"，起码在感到幸福的那一刻，不希望被打扰。因而，当孩子正因为某件事，比如一顿美味的早餐，一套新衣服而正在兴头上时，父母切勿扫兴，做破坏氛围的事儿，那只会让孩子心生愤怒。

事例解读 ▶▶

楠楠是一个四年级的小学生，这天放学回家，一脸不高兴地进了卧室。原来，她因为作业的问题被留校了，老师严厉地批评了她。这会儿，她的心情十分郁闷。还没等她从卧室走出来，妈妈便走了过来，说："楠楠，你看你早上把围裙放在洗手台上，全都弄湿了，一会儿要做饭了，我怎么穿啊？"

楠楠看了妈妈一眼，没有答话，自顾自地走到客厅打开了电视。妈妈见女儿没有回应，不免有些生气："你看你，放学回来就知道看电视，也不知道帮妈妈干些家务活。"

楠楠还是没有回应，因为她很了解妈妈，一件事能唠叨好多天。此时，妈妈也不管楠楠说不说话了，自顾自地接着说："昨天你爸爸回家也是，往沙发上一坐……"楠楠一副无奈的样子，把电视一关，回了卧室，而妈妈在客厅收拾着东西，居然没有意识到楠楠已经走开了，还在继续说着……

妈妈没有细心地发现女儿情绪不对，只顾自己表达，这很容易造成母女之间产生隔阂，实在得不偿失。

第99招

引导一只幼小的"歧路亡羊"

陋习点评 ▶▶

　　孩子辨别是非黑白的能力很差，对每一件事的态度都只凭借自己的直观感觉或个人喜好，因而很容易"误入歧途"。简单点说，他们不知道什么是好坏、对错，所以父母要扮演好引路人的角色，不能以"孩子小不懂事"为借口，为孩子的不正确行为开脱，那只会让孩子更加迷惑，更难以分辨对错。那么，具体如何引导孩子走正路呢？

教法随想 ▶▶

　　父母在孩子的成长过程中起着重要的作用。当孩子迷路时，积极引导孩子。当你的孩子绕路时，引导他走正确的路。有时候盲目溺爱孩子，对孩子来说不是一件好事。相反，当孩子心中有问题时，父母有责任告诉他们并教他们正确处理的方法。

　　1.学会自律

　　自律对培养孩子的学习能力非常重要。命令孩子不是长久之计，只有孩子学会自律才是真正长大。

2.学会保护自己

要孩子学会自我保护，告诉孩子，无论做什么事都要用智慧，不要轻易相信别人。教导孩子保护自己比站在他们身边更可靠。

3.学会相信自己

每个孩子都有自己的优点，这就要求父母有一双善于观察的眼睛。不要因为孩子的缺点就否定他。教育孩子的方法就是鼓励他们，只要发现孩子有一点进步就会鼓励表扬孩子。这会让孩子非常有自信，很多其他孩子都不敢去尝试他会去。因为他相信自己，所以一切都没有那么困难。

事例解读 ▶▶

小山是一名初中生，他在离家出走数十个小时后，被警察在他叔叔家找到。

一天放学之后，小山的妈妈久久等不到儿子回家，便给老师打电话，老师说放学后所有学生都离开了学校；给几个常和儿子一起玩的同学打电话，也没有得到任何消息。心急如焚的小山妈妈选择了报警，警察很快展开搜索工作。

经过询问，得知小山是一个比较听话的孩子，平时从没有逃学或离家出走的迹象和经历，这次突然消失，实在蹊跷。警察查找了周围的监控录像也没能找到小山的踪影，但小山妈妈提供了一个线索：小山很喜欢到叔叔家找妹妹玩。循着这一线索，警察到了小山叔叔家，果然，在这里找到了小山。

通过沟通，小山是因为自己学习成绩不好继而有些厌学，加之妈妈平时疏于教育，与儿子沟通很少，所以孩子有什么话都憋在心里，到无法承受时才"误入歧途"。

小山的妈妈比较幸运，毕竟小山没有做出别的出格的事情，若是真的离家出走，后果是不堪设想的，因此，父母在孩子年龄越来越大时，务必要与之建立对等的关系，与孩子"平视沟通"，让孩子获得尊重，这才是正确的教子之道。

第100招

认识孩子成长的不同阶段

陋习点评 ▶▶▶

在孩子的成长过程中，家长需要了解不同年龄阶段的心理特点和可能出现的"心结"，为孩子创造一个阳光明媚的成长环境。

如今，未成年人的心理健康越来越受到人们的关注。需要注意的是，在孩子成长的过程中，家长需要了解不同年龄阶段的心理特点和可能出现的"心结"，为孩子创造一个阳光明媚的成长环境。

目前，大多数家长对孩子成长过程中的心理特征关注较少，缺乏相应的"敏感性"。许多父母认为他们的孩子无忧无虑，对他们的内心世界知之甚少。

从临床来看，许多儿童的心理问题都是由于父母的忽视造成的。我治疗过一个8岁的孩子，他非常害怕上学。起初，他的父母认为是因为他沉迷于游戏，所以没有给予他足够的关注。后来去心理咨询中心后，才发现真正的原因是孩子在学校里与同学相处不好，不易处理人际关系引起的精神障碍。

当孩子出现问题时，家长往往从自己的经历中总结出问题的原因，但并没有认真了解孩子成长的心理特征。在儿童的成长过程中，每个年龄段都会呈现出不同的心理特征。父母需要更多地了解这些知识，及时帮助孩子理清内心，找到解决办法，而不是把成人世界的"大道理"强加给孩子。

此外，在对孩子进行心理咨询时，最好是家长一起参与，这样可以更好地分析问题产生的原因，让家长更好地了解孩子的内心世界。这样，孩子就可以在家庭环境中得到理解和支持。

教法随想 ▶▶

第一阶段：0~3岁

这个阶段的孩子最需要安全感。这种安全感来自于：

（1）夫妻关系和谐稳定。儿童承受着社会底层的情感垃圾。从他们的记忆开始，对他们影响最大的人是他们的父母。

（2）母亲的情绪稳定。有时候，母亲的焦虑会变成孩子的焦虑，孩子没有能力解决母亲的烦恼，要给孩子足够的安全，母亲一定不能用自己的情绪去影响孩子。

第二阶段：3~6岁

自我价值得到认可。3~6岁的孩子开始理解这个世界和自己。在这个阶段，孩子非常需要父母的陪伴和指导。父母需要为子女树立榜样，包括：

（1）如何处理情绪。这是非常重要的，童年可以学会管理自己的情绪，为以后的性格发展起到很好的铺垫作用。

（2）如何处理生活中的困难。这一时期需要成年人的引导、教育以及示范。告诉你的孩子做什么，如何处理事情。

第三阶段：6~12岁

这个年龄的孩子需要心理营养：尊重、接受、自由。请注意，这种"自由"是基于尊重和接受的相对自由。

孩子们认为他们"长大了"，需要隐私和选择的自由。父母应该学会正确的放手，让孩子自己处理一些事情，这对他们的成长和心理需求有很大的帮助，也培养了处理问题的能力和自信。

第四阶段：12~16岁

这一阶段是儿童需要补充心理营养的黄金时期，也是最后的关键期。在这个阶段，孩子的叛逆程度与以往的教育模式有很大的关系。

及时沟通，尊重隐私，自由选择，适当放手。在这些的基础上，接受孩子，让孩子接受自己，让孩子得到安全感，学会独立解决问题，具有良好的个性。16岁时，你的孩子就有能力补充自己的心理营养。

事例解读 ▶▶

土豆3岁了，性格外向。我指着他的积木问："土豆做的是什么？"

土豆骄傲地看着他的积木，说："我建了一座高楼！"

当他把最后几个街区堆得高高的时候，悲剧发生了，因为他不小心撞到了旁边的一个街区，导致"高楼"倒塌了。

土豆哭了，把所有的积木都推开，扔得到处都是。

朋友看后，抱着土豆说："我们重建！"

谁知他一点也不领情，从朋友怀里挣脱出来继续扔积木，还大喊："我不，我不！"

朋友说："你先冷静下来。"我以为土豆会继续哭，但过了一会儿他平静下来。

这时，朋友对他说："土豆，你刚才发脾气了，因为你看到那栋高楼倒了，很沮丧，是吧？"

土豆点了点头。

"你能通过扔积木来发脾气吗？"

"不能。"土豆小声说。

"所以发脾气无助于解决问题。"妈妈说，"我们把所有的积木都捡起来，然后一起盖一座高楼好吗？"

孩子很听话，跟在妈妈后面捡起积木，把散落的积木收拾起来。然后母子俩开始搭积木。在最后几步，在一个很高的地方，母亲帮助孩子控制他的手部力量。

土豆妈妈的教育方式让我思考。她告诉我：当一个人生气时，他不会听你对他说什么。即使我们生气的时候也是这样，何况孩子呢？不要在生气的时候和孩子说话，等他冷静下来再慢慢和他交流。